Die Seele in den Meisterjahren

Die Seele in den Meisterjahren

Durchsagen von
Meister Konfuzius & Meister Kuthumi

gechannelt von
Ute Kretzschmar

ch. falk-verlag

Originalausgabe

© ch. falk-verlag, seeon 2004

Umschlaggestaltung: Ute Kretzschmar/Christa Falk
Satz: Plejaden Publishing Service, Neetze
Druck: Druckerei Sonnenschein, Hersbruck
Printed in Germany
ISBN 3-89568-127-X

Inhalt

Vorwort und Danksagung 7
Fragen zum Dualen Universum und den Seelengeschwistern ... 9
Traumkörper und physischer Körper 29
Die Bildung des Egos 33
Die Rolle des Hohen Selbstes 39
Einmischung in das Leben anderer 45
Allgemeine Fragen 53
Fragen zu Religion und Kirche 72
Mögliche Hintergründe von Krankheiten 83
Vertraue deinen Gefühlen 94
Wie man sich selbst liebt 98
Glaubenssätze 100
Das Opfer – Kämpfer – Spiel 111
Das Böse ist eine Illusion, die ihr in euch erschafft 116
Das Gute an der Manipulation 122
Fülle – Mangel – Geschenkkreise 125
Missverständnisse in der Sprache 133
Zeitebenen 136
Naturkatastrophen und klimatische Schwankungen 143
Der Eintritt der Erde ins Paralleluniversum 147
Finanzwirtschaft und Arbeit 156
Lernt visualisieren und genießt das Leben! 164

Die Traumebene und REM-Phasen	169
Fragen zur Spiritualität	175
Schwierigkeiten mit der Schöpfermacht	182
Der Entwicklungsschritt von der reifen zur alten Seele	185
Das Erschaffen von Christuspräsenz und Allmacht	190
Körperliche Symptome u. die Erforschung der Hintergründe	193
Ihr seid alle medial!	198
Über das Glücklichsein	208
Verabschiedung / Eloah und Elohim	211

Vorwort und Danksagung

Meister Konfuzius und Meister Kuthumi haben Wort gehalten mit ihrer Ankündigung, dass noch mehr Durchsagen folgen werden!

„Die Seele in den Meisterjahren" beschreibt den Entwicklungsprozess des Menschen während der Bewusstseinserhöhung auf unserem Planeten. Es verschweigt auch nicht die Schwierigkeiten und Tücken, welche Auswirkungen falsche Glaubenssätze haben können, und gibt viele praktische Ratschläge, die sehr hilfreich sind. Auch die Gelegenheiten, Zusammenhänge klarer zu erkennen und die damit verbundenen „Aha-Effekte", sind wieder zahlreich vorhanden.

Ich bin sehr glücklich über dieses zweite Buch, in dem auch wieder an vielen Stellen der Humor der Meister durchkommt. Es beantwortet viele Fragen und vermittelt auch diesmal ein größeres Bild des Ganzen, ist aber auch eine Fortführung des im ersten Buch *2012 – Der Aufstieg der Erde in die fünfte Dimension* vermittelten Wissens. Es ist auf jeden Fall von Vorteil, wenn man mit den Aussagen aus dem ersten Buch bereits vertraut ist.

Ich wünsche allen Lesern vergnügliche Lesestunden und dass Sie dieses Buch inspirieren möge, ihre eigene Göttlichkeit im Inneren zu entdecken.

Zum Schluss möchte ich mich bei allen ganz herzlich bedanken: bei den Meistern, die dieses Buch möglich gemacht haben, bei allen Menschen, die an der Fertigstellung beteiligt sind, und bei den vielen Seminarteilnehmern, die durch ihre Fragen neue Impulse eingebracht haben.

November 2003   *Ute Kretzschmar*

Fragen zum Dualen Universum und den Seelengeschwistern

Frage: Wie ist das mit dem Vergessen zu Beginn des Inkarnationszyklus?

Beinhaltet dieses Vergessen auch, dass man vergisst, dass man im jenseitigen Bereich eine feinstoffliche Familie hat, oder beschränkt sich dieses Vergessen auf die irdische Ebene und wird im Lichtkanal wieder aufgehoben?

Konfuzius

Seid gesegnet, seid in der Liebe, das ist Kuthumi.

Eine vollständige Wesenheit, ein androgynes Wesen, macht niemals die Erfahrung der Trennung von der eigenen Göttlichkeit, vom inneren Wissen. Es macht niemals die Erfahrung von Charakteren!

Was eine Wesenheit animiert, im Dualen Universum zu inkarnieren, ist dieses abenteuerliche Spiel, was ihr Leben nennt! Dieses Spiel, in dem ihr alles vergesst und wo ihr euch schrittweise zurückerinnert. Diese Erfahrung ist nur möglich im Dualen Universum! Durch Inkarnation als Mensch, als Frau oder als Mann.

Eine androgyne Wesenheit kann nichts mit dem Wort „Vergessen" anfangen, Begriffe wie: Zeit, warm, kalt und geboren werden, sind für sie Fremdwörter.

Was für Wesenheiten besonders beeindruckend ist, ist die Möglichkeit, sich in unterschiedlichen Charakteren zu erfahren. Da gibt es z.B. den Charakter des Opfers, den Charakter des Kämpfers, es gibt den Charakter des süchtigen Menschen und den Charakter des sich selbstverleugnenden Menschen.

Es gibt die Möglichkeit, sich als Bösewicht zu etablieren oder die Erfahrung des armen, hilflosen Opfers zu machen.

Dieses Spiel ist für androgyne Wesen höchst interessant! Es hat einen ganz besonderen Reiz! Und es ist nur spielbar im Dualen Universum!

Ihr lasst euch darauf ein mit dem sicheren Wissen, dass dieses Spiel nur eine Phase eurer Erfahrungsmöglichkeit ist, welche eine bestimmte Zeit dauert. Ihr wisst also bereits am Anfang, dass ihr dieses Spiel irgendwann wieder verlassen werdet!

Bemerkung: Das ist für uns sehr interessant, wie das bei androgynen Wesen ist!

Kuthumi

Ja, also androgyne Wesen erfahren sich nicht als Persönlichkeit mit bestimmten Charaktereigenschaften!

Frage: Wie ist das mit dem Vergessen zu Beginn des Inkarnationszyklus?

Beinhaltet dieses Vergessen auch, dass man vergisst, dass man im jenseitigen Bereich eine feinstoffliche Familie hat, oder beschränkt sich dieses Vergessen auf die irdische Ebene und wird im Lichtkanal wieder aufgehoben?

Konfuzius

Seid im Segen, seid in der Liebe! Das ist Konfuzius!

Dieses Vergessen ist ein totales Vergessen, und es setzt ein mit dem ersten Betreten der materiellen Realitätsebene. Gut! Gehen wir einen Schritt zurück:

Wir hatten euch mitgeteilt, dass sich die Seele bei Betreten des Dualen Universums teilt und mit dem Hohen Selbst eine feinstoffliche Familie gründet. In diesem Moment verfügt ihr noch über das volle Potential eurer Schöpfermacht, welches in all euren Anteilen (Geschwistern) vorhanden ist.

Ihr übt euch im Umgang mit feinstofflichen dualen Körpern und studiert die Spielpläne der dualen Planeten, die zu diesem Universum gehören. Gleichzeitig beobachtet ihr die Seelen, die vor euch mit ihrem Inkarnationszyklus begonnen haben. Ihr staunt über diese „peinliche Amnesie", der sie anheim gefallen sind, und ein Teil von euch ist überzeugt, dass ihr diesem Vergessen widerstehen werdet!

Dann kommt der Moment, wo ihr das erste Mal in der Physis geboren werdet. Ihr beginnt euren Inkarnationszyklus gemeinsam mit einer großen Gruppe Anfängerseelen, die gleichzeitig in geeignete materielle Realitätsebenen ausgeschüttet werden.

Und damit geht das totale Vergessen einher!

Alle Schwüre von ewiger Liebe, von ewiger Treue und die Hoffnung auf das Beibehalten eures inneren Wissens verflüchtigen sich!

Wenn die Seele das erste Mal aus der Physis zurückkehrt, hat sie vergessen, dass sie sich geteilt hat und Geschwister von ihr existieren, und sie hat vergessen, dass sie ein Hohes Selbst hat.

Diese Amnesie wird beim Rückgang durch den Lichtkanal nicht aufgehoben!

Ihr erinnert euch nur an die Menge der gelebten Inkarnationen und die daraus resultierenden Erfahrungen. Mit zunehmender Menge an Leben brechen Bruchstücke eures inneren Wissens auf.

Euer Hohes Selbst, welches immer den Überblick behält, betreut euch und wird dafür sorgen, dass ihr mit euren Geschwistern zusammentrefft. Zu Anfang erkennt ihr weder eure Geschwister noch die verwandtschaftliche Beziehung zwischen euch und eurem Hohen Selbst. Ihr nehmt lediglich wahr, dass da eine Art Mentor ist, der euch hin und wieder erscheint, liebevoll an die Hand nimmt und euch hilft bei der Erkundung eures inneren Wissens, aber ihr habt vergessen, dass eine familiäre Bindung zwischen euch besteht.

Die Erinnerung, dass da eine feinstoffliche Familie existiert, kommt erst, wenn die Seele einen gewissen Reifegrad hat.

Ihr habt euch dieses Lebensspiel extra so abenteuerlich gestaltet, damit es möglichst viel Spannung gibt!

Frage: *Hat man zu allen Seelengeschwistern dieselbe intensive Verbindung, oder gibt es ein Geschwisterteil (die Dualseele), wo die Verbindung besonders stark ist?*

Kuthumi
Es ist so: Wenn ihr dieses Universum der Dualität betretet, dann teilt sich eure Seele auf in männliche und weibliche Anteile von unterschiedlicher Zahl. Diese Anteile (Kinder) bilden mit dem Hohen Selbst zusammen eine feinstoffliche Familie.

All euer Wissen, euer Schöpferpotential ist in allen Kindern gleichmäßig aufgeteilt.

Es ist nicht so, dass da zwei dieser Kinder besonders intensiv zusammengehören. Es gibt keine Splitterungen innerhalb der Seelenfamilie, das Potential ist gleichmäßig verteilt.

Und nun kommt das Aber:

Aufgrund der Erfahrung von Inkarnationen spielt sich das dann so ab, dass meistens die Hälfte der Kinder in der Physis inkarniert ist und die andere Hälfte hält sich währenddessen in den Lichtwelten auf.

Ist nun dieser Inkarnationszyklus etwas vorangeschritten, wenn ihr z.B. reife Seelen seid, besteht auch eine bewusste Verbindung zum Hohen Selbst und den Seelengeschwistern. Sie sind sich sozusagen ihrer Familienzugehörigkeit in den Lichtwelten bewusst.

Meistens sind dieselben gleichzeitig inkarniert und die anderen selben befinden sich im feinstofflichen Bereich. Dadurch kann es zu gefühlsmäßigen Intensitäten kommen, die sich auf ein bestimmtes Geschwisterteil beziehen. Es kann auch Phasen geben, wo unter den Seelengeschwistern

Rivalität herrscht. Sie beobachten ihre Geschwister, die sich in der Physis befinden, und werden dabei mit unterschiedlichen Charakteren konfrontiert. In diesen Charakteren spiegelt sich oft die Dualität. Erklären wir es an einem Beispiel:

Zwei Seelengeschwister sind in der Physis in unterschiedlichen Zeitebenen inkarniert. Der männliche Geschwisterteil lebt zur Zeit der Prohibition. Er verdient sich sein Geld mit Alkoholschmuggel, hat starke Beziehungen zu Freudenhäusern und ständige Gesetzeskonflikte.

Der weibliche Geschwisterteil lebt zur Lutherzeit, ist streng katholisch, spielt die Orgel in der Kirche und verrät jeden Abtrünnigen.

Auf diese Weise könnte sich die Dualität in den Charakteren der Seelengeschwister offenbaren.

Das sind Möglichkeiten, die von den Geschwistern in der Physis ausgetragen werden könnten.

Darüber hinaus gibt es die restlichen Geschwister, die sich zur Zeit in den Lichtwelten aufhalten und ihre inkarnierten Geschwister beobachten. Unter ihnen könnte es zu Meinungsverschiedenheiten und Streitereien kommen. Versteht ihr dieses Spiel?

Es gibt dann zwischen den Seelengeschwistern auch Phasen, wo Ablehnung und Streit herrschen.

Das Hohe Selbst wird versuchen, zu vermitteln und zu erklären. Auch gibt es im jenseitigen Bereich Schulungskurse für jeden Lernabschnitt.

Frage: *Könntet ihr den Begriff Elohim erklären?*

Kuthumi
Der Begriff Elohim ist eng verbunden mit einem weiteren Begriff, nämlich Eloah. In euren Nachschlagewerken wird Eloah als die Einzahl von Elohim angegeben. Es gäbe noch mehr dazu zu sagen:

Eloah ist die eine ungeteilte Wesenheit, die sich ihres schöpferischen Potentiales immerzu und allezeit bewusst ist. Eloah verfügt über keinerlei Erfahrung mit Teilung, es ist die eine ungeteilte Wesenheit vor Betreten des Dualen Universums, welche die göttliche Quelle verlassen hat und sich selbst in einem ungeteilten androgynen Körper erfährt. Das Wesentliche dabei ist die eine, ungeteilte Wesenheit!

Elohim ist eine hochstehende, wiederverschmolzene Wesenheit, die den Inkarnationszyklus z.B. im Dualen Universum hinter sich gebracht hat und aus diesem Spielrahmen ausgestiegen ist und die über den Aufgestiegenen Meistern angesiedelt werden sollte. Es ist die Weiterentwicklung der Aufgestiegenen Meister und Erzengel!

Diese wiederverschmolzene Wesenheit hat in sich abgespeichert die Erfahrung der Vielen! Sie verfügt gegenüber Eloah über einen Erfahrungsreichtum, den dieser nicht hat!

Elohim ist eine wiederverschmolzene, sehr große Wesenheit!

Frage: In die sich die Aufgestiegenen Meister hineinentwickeln?

Kuthumi
Ja.

Frage: Warum werden sie dann auch als Engel bezeichnet?

Kuthumi
Sie sind dann bereits mit den Engelebenen verschmolzen!
   Die Teilungen, die durch Betreten des Dualen Universums und auch zuvor, indem eine androgyne Wesenheit sich teilt, stattfinden, verschmelzen sich nach und nach wieder, wobei die Erzengel und Aufgestiegenen Meister sich vereinen, um zur Quelle zurückzukehren in die Einheit – in die vollständige Einheit.

Frage: Ihr sagtet: Die wiederverschmolzene Wesenheit geht zu den Aufgestiegenen Meistern und das ehemalige Hohe Selbst in die Vereinigung der Erzengel.
   Bedeutet das, dass die wiederverschmolzene Wesenheit ebenfalls ein Aufgestiegener Meister wird? Oder gliedert sie sich dem Strahl an, aus dem sie ursprünglich gekommen ist?

Kuthumi
Sie gliedert sich dem Strahl an, aber sie ist nur ein Teil von einem Aufgestiegenen Meister.

Frage: Ich habe gelesen, dass auch die Aufgestiegenen Meister Duale haben. Das ist für mich ein Widerspruch. Wieso haben sie Duale, wenn sie sich doch eigentlich nicht mehr in dieser dualen Welt befinden und androgyn sind?

Kuthumi
Lasst es uns so erklären: Die Aufgestiegenen Meister sind androgyne Persönlichkeiten, die ihren Inkarnationszyklus beendet haben und sich ins Kollektiv der Aufgestiegenen Meister eingliedern.

Nun befindet sich dieses Kollektiv der Aufgestiegenen Meister außerhalb des Dualen Universums und dort gibt es in dem Sinne von den Meistern kein Dual.

Was nun die Aussage betrifft, dass die Aufgestiegenen Meister ebenfalls Dualseelen hätten, so ist das zum Teil dadurch entstanden, dass wir mit unserem Wirkungs- und Arbeitsbereich in die Lichtwelten und den feinstofflichen Bereich des Dualen Universums hineinwirken.

Wir betreten damit die Dualität, allerdings ohne dass wir uns, wie es bei euch geschehen ist, aufteilen. Aber die Dualität hat in sich so etwas wie einen Spiegeleffekt, und dadurch könnt ihr uns als weiblich oder männlich wahrnehmen.

So ist das Bild, die Meister hätten ebenfalls Dualseelen, entstanden!

In Wirklichkeit gibt es kein Dual, aber es wird euch in der Illusion der Teilung vorgegaukelt! Das ist ein Wirkprinzip des Dualen Universums!

Frage: Das heißt, es kann sich niemand diesem Dualen Universum nähern, ohne dass er dabei in einer gewissen Weise berührt wird?

Kuthumi
Ja!

Frage: Vielleicht fällt es uns Menschen auch manchmal leichter, sich an den weiblich orientierten Teil oder an den männlichen Teil einer Wesenheit zu wenden? Könnte das auch ein Grund sein?

Kuthumi
Das ist möglich! Manche Menschen rufen lieber einen Meister, der ihnen männlich erscheint, andere fühlen sich angezogen von einer Meisterin. Aber egal, wen ihr nehmt, seid euch bewusst, es handelt sich um einen Energiestrahl mit sehr, sehr vielen androgynen Persönlichkeiten.

Frage: Besteht er aus all den Persönlichkeiten, die sich jemals dem Strahl zugeordnet haben?

Kuthumi
Also, wir gliedern uns diesem Strahl an, nachdem wir das Universum der Dualität verlassen haben. Aber die Zugehörigkeit zu diesem Strahl ist ein Zwischenstadium auf dem Entwicklungsweg zurück zur Quelle!

Nun habt ihr diese einzelnen Strahlen benannt und etikettiert, z.B. als Meister Hilarion, Meister Konfuzius oder Meisterin Lady Rowena. Diese Etikettierung ist aufgrund der Beschreibung einer Energie entstanden und rückt damit diesen Strahl in eine bestimmte Branche, in einen bestimmten Aufgabenbereich.

Und die Energien, die sich diesem Strahl zugesellen, sind dort in einem bestimmten Rhythmus verankert, wobei sie ihren Dienst an den Menschen erfüllen, aber es gibt auch immer Anteile des Strahles, die weiter aufsteigen. Es ist somit eine sich verändernde Energie! Es werden ständig neue Anteile aufgenommen, die hier für eine bestimmte Zeit ihre Aufgabe erfüllen, und sie steigen weiter auf zur Quelle!

Frage: Bleibt die individuelle Ausprägung, die so eine Seele im Laufe der Inkarnationen erfahren hat, auch bei den Aufgestiegenen Meistern erhalten? Ist sie auf Wunsch abrufbar? Oder verliert sie sich total im Allgemeinen?

Kuthumi
Die persönlichen Erfahrungen sind abrufbar!

Allerdings ist es so, dass sie sich verändern auf das höchste gelebte Niveau, was eine Persönlichkeit erreicht hat, und durch die Vermischung der Energien mit den anderen noch bereichert und erhöht werden. Es ist eine Veränderung in der Individualität da und diese ist sehr positiv, sehr angenehm!

Bemerkung: Ich glaube, wir haben ein zu statisches Bild! Es ist tatsächlich immer alles in der Entwicklung begriffen, berührt sich gegenseitig und steigert sich anscheinend.

Kuthumi
Ja, da hast du recht!

Frage: Warum muss für die Kymische Hochzeit eine Genehmigung eingeholt werden? Das hört sich an wie ein Beamtenstaat, der im Himmel existiert. Es klingt so kalt und unpersönlich.

Kuthumi
Wir werden euch erklären, worum es dabei geht:
Eine Seelenfamilie, die die Kymische Hochzeit beantragt, beabsichtigt damit, ihren Inkarnationszyklus zu beenden, das Duale Universum zu verlassen und zu den Aufgestiegenen Meistern zu gehen.
Und dafür muss eine Genehmigung eingeholt werden!
Die Genehmigungen werden vom sogenannten Karmischen Rat erteilt, unter Vorsitz von Meisterin Lady Nada. Der „Karmische Rat" ist eine Beratungs- und Informationsstelle in den Lichtwelten, welche in Liebe Seelen dahin führt, dass sich Konflikte auflösen können. Es werden von dort aus auch Schulungsprogramme vermittelt, um Seelen zu ermöglichen, in ihrer Entwicklung voran zu kommen. Diese Beratungsstelle arbeitet mit sehr viel Liebe, Weisheit und Verständnis.
Und dort wird auch die Genehmigung erteilt zum Beenden des Inkarnationszykluses und gleichzeitig zum Verlassen des Dualen Universums.
Oftmals möchten Geschwisterseelen, die sich wiedergefunden haben, so schnell wie möglich wieder verschmelzen. Wobei sie dieses Verschmelzen im feinstofflichen Bereich jeder Zeit tun können, und dafür braucht es keine Genehmigung! Aber es ist ein Verschmelzen ihrer Energien auf Zeit und nicht auf Dauer!
Die Kymische Hochzeit ist die Verschmelzung auf Dauer! Und die ist erst möglich, wenn sich die Seelen so weit entwickelt haben,

dass sie gemeinsam mit ihrem Hohen Selbst das Universum der Dualität wieder verlassen!

Frage: Die Kymische Hochzeit – ihr sprecht davon, dass es mehrere Seelengeschwister gibt, die sich dann vereinen. Aber wir träumen doch immer von dem Einen, Einzigen! Aber wenn es nun 3 oder 6 oder gar 9 sind, wie soll man das gefühlsmäßig verstehen?

Kuthumi

In Wirklichkeit ist das weniger kompliziert, als ihr es gerade empfindet. Ihr habt euch, bevor ihr in dieses Leben gegangen seid, mit eurer Seelenfamilie abgesprochen und einen Plan entwickelt.

Es ist entweder so, dass ihr eure Dualseele oder auch ein gleichgeschlechtliches Geschwisterteil in der Physis trefft, oder dass ihr mit den Geschwistern in der 4. Dimension über Meditation in Kontakt kommt. Das ist variabel, da gibt es verschiedene Möglichkeiten und im Spielplan des Planeten Erde stehen euch beide Möglichkeiten offen.

Manche Familien haben sich auch direkt für beide Varianten entschieden, dass ihr sowohl ein Geschwisterteil in der Physis trefft und darüber hinaus mit euren restlichen Geschwistern aus der 4. Dimension verschmelzt – die sogenannte Kymische Hochzeit.

Im Endeffekt ist es so, dass dieser Verschmelzungszyklus auf jeden Fall im feinstofflichen Bereich vollendet wird, bevor ihr dieses Universum der Dualität verlasst.

Frage: Ich verstehe es nicht so recht, das mit den vielen Geschwistern. Warum träumt der Mensch immer nur von einem Partner und nicht von vielen?

Kuthumi

Das ist die Spaltung, die ihr fühlen könnt in euch! Dieses Duale Universum spiegelt euch die Spaltung. Aber die Teilung, in männliche und weibliche Körper bei Betreten des Dualen Universums ist bei den meisten höher als durch 2, es sind maximal 9 – auch das ist selten.

Die Art und Weise, wie ihr nun in Kontakt kommt, ist unterschiedlich. Sie geschieht über die beiden Varianten, wie zuvor beschrieben!

Frage: Aber gefühlsmäßig habe ich dabei Schwierigkeiten, wenn ich mir vorstelle, dass ich mit mehreren Personen verschmelzen soll. Ich träume von dem Einen oder der Einen! Man träumt ja über Jahrhunderte von der einen Wesenheit, aber wenn es dann drei oder vier sind?

Mein Gefühl sträubt sich dagegen! Habe ich für alle die gleiche Liebe oder wie ist das dann?

Kuthumi

Das ist unterschiedlich! Du hattest ursprünglich für alle die gleiche Liebe. Ihr habt euch aus einer Wesenheit heraus bei Betreten des Dualen Universums geteilt – daraus entstand eine bestimmte Geschwisteranzahl. In dem Moment, wo ihr euch geteilt habt, empfindet ihr für alle eure Geschwister dieselbe magische Anziehung! Nun befindet ihr euch in den Lichtwelten:

Jetzt beginnt euer Inkarnationszyklus, und damit verstreut ihr euch in unterschiedliche Zeitebenen, in unterschiedliche Bereiche, manchmal auch auf verschiedene Planeten. Dabei verliert ihr eure Geschwister aus den Augen, und ihr werdet sie irgendwann in den Lichtwelten, im jenseitigen Bereich wiederfinden. Das geschieht nach und nach! Dabei kann es vorkommen, dass dieser Kontakt zu einem oder zwei eurer Geschwister besonders intensiv ist, wobei ihr mit den anderen weniger in Berührung kommt. Und dadurch könnte euer Gefühl zu einem Geschwisterteil besonders intensiv sein, es ist meistens das, was ihr als erstes wiedertrefft. Aber ursprünglich nach der Teilung waren eure Empfindungen zu allen gleich!

Frage: Es kann also eine Art Bevorzugung geben?

Kuthumi

Ja, das kann vorkommen! Aber ursprünglich gab es diese Bevorzugung nicht!

Frage: Kann es vorkommen, dass man in der gleichen physischen Inkarnation wirklich mehrere seiner Geschwister trifft und sich mit ihnen vereint?

Kuthumi
Du sprichst jetzt von der Physis?

Antwort: Ja!

Kuthumi
Ihr könnt euch in der Physis in dem Sinne nicht vereinen, ihr könnt Partnerschaften oder auch Freundschaften eingehen, ihr könntet zusammen durchs Leben gehen. Aber vereinen in der Art der Kymischen Hochzeit, das ist in der Physis nicht möglich!

Aber ihr könnt – und das kommt vor – mehrere Geschwisterteile treffen. Die meisten gehen zu zweit in eine Realitätsebene und suchen sich einen Ort aus, wo sie aufeinandertreffen. Das wird gesteuert!

Seid gesegnet, das war Kuthumi.

Frage: Ich habe neulich in einem Buch ein Beispiel gelesen, es lautet sinngemäß: Stelle dir vor, du hast zur gleichen Zeit zweimal gelebt, und du warst in diesem Leben dein eigener Mörder!
Kann so etwas vorkommen?

Konfuzius
Seid gesegnet, seid in der Liebe, das ist Konfuzius.

Es ist prinzipiell möglich, dass ihr zur gleichen Zeit lebt! Das geschieht, indem zwei Seelengeschwister in dieselbe Zeitrealität gehen, dort geboren werden und sich physisch treffen. Das Wiedererkennen eines Geschwisterteils in der Physis ist immer sehr heftig, es geht mit intensivsten Gefühlen einher. Ein Teil von euch spürt sehr deutlich die Vertrautheit und ein inneres Begehren. Nun kommt es sehr auf euren Entwicklungsstand an, auf eure Liebesbereitschaft. Schafft ihr es, euch harmonisch aufeinander zu zu bewegen? Seid ihr offen und ehrlich und bereit, alle Missverständnisse aus dem Weg zu räumen? Wie findet dieses Wiederfinden statt?

Es liegt in eurer Hand! Ist das Misstrauen größer als die Liebe, kreiert ihr euch ein heftiges, aufwühlendes Reaktionsmuster, was sich in eurem Inneren stark einprägt und in vielen Inkarnationen einen Neuaufguss erlebt.

Nun kommen wir zu der Vorstellung, dass du dein eigener Mörder bist – auch das hat es schon gegeben!

Wenn aus einer Seelenfamilie zwei Geschwister gemeinsam inkarnieren, wäre es möglich, dass sie sich einen so intensiven Hass erschaffen, dass einer den anderen tötet! Es wird einige Inkarnationen brauchen, bis ihr bereit seid, diese innere Prägung aufzulösen. Bis ihr bereit seid, euch anzuschauen, welche Missverständnisse, Ängste und Zweifel euch soweit getrieben haben!

Nicht jeder bringt sein Geschwisterteil um, aber heftige Reaktionsmuster sind weitverbreitet! Ihr trefft in diesem Moment euch selbst im Außen – eine stärkere Konfrontation kann es nicht geben!

Im übrigen: Wenn man von einer sehr hohen Ebene hinabschaut, seid ihr alle eins, und insofern ermordet ihr stets nur euch selbst!

Frage: Ihr hattet gesagt, wenn man in der Physis seine Dualseele trifft, kann es zu heftigen Reaktionsmustern kommen, und dass das weit verbreitet ist. Könnt ihr das genauer erklären?

Konfuzius
Es ist so: Irgendwann, meist im letzten Stadium der Teenagerseele, kreiert ihr euch ein gemeinsames Leben in der Physis, indem zwei aus einer Seelenfamilie in eine Zeitebene gehen, um dort aufeinander zu treffen.

Für gewöhnlich erschafft ihr euch für dieses erste Zusammentreffen einen Rahmen, den ihr mit einer gewissen Spannung verseht.

Wir geben euch dafür Beispiele:

Angenommen, der männliche Seelenanteil geht in die Physis und wird als zweiter Sohn einer bürgerlichen Familie geboren. In gewissen

Kulturkreisen und über lange Zeiten war es bei euch gebräuchlich, dass der erste Sohn das Geschäft erbt, der zweite machte eine Karriere bei der Kirche und der dritte ging zum Militär.

Unser Zweitgeborener erhält also traditionsgemäß eine Ausbildung zum katholischen Priester und noch hat er keine Ahnung, welche Herausforderung in Form seiner weiblich inkarnierten Dualseele auf ihn wartet. Die Spannungen sind also vorprogrammiert!

Seine Ausbildung ist beendet, er ist vereidigt und unterliegt somit dem Zölibat. Er bekommt seine erste Pfarrstelle, weit ab in einem kleinen Ort, und genau dort lebt eine attraktive 18-jährige junge Dame – seine Dualseele!

In dem Moment, wo sie sich das erste Mal begegnen und in die Augen schauen, erkennen sie sich auf tiefer geistiger Ebene und es ist gewiss, dass sie einander niemals vergessen werden!

Könnt ihr euch vorstellen, welche Gefühle in ihnen toben?

Die Teenagerseele möchte im letzten Stadium fühlen lernen, und diese Konstellation garantiert ihr tiefste Gefühle!

Zwischen ihnen steht das Zölibat, welches dem Priester die Liebe verwehrt, und auf der anderen Seite ist ein heftiges Begehren.

Wie sie nun damit umgehen, ist von Fall zu Fall unterschiedlich. Verbieten sie sich diese Liebe, oder geben sie diesem heftigen Drängen in ihrem Inneren nach?

Nach dieser Inkarnation könnte der ehemalige Priester ein Muster zurückbehalten, welches besagt:

Ich darf mit der Person, die ich aus tiefstem Herzen liebe, keine sexuelle Beziehung haben! Meine sexuelle Kraft versagt bei der Person, die ich tatsächlich liebe.

Bei der weiblichen Dualseele könnte ein ähnliches Muster vorliegen:

Sie war sehr, sehr heftig verliebt in den Priester, und da das nicht sein durfte, wird ihre Familie dafür gesorgt haben, dass sie einen anderen heiratete.

Daraus könnte sich für die Zukunft das Muster entwickeln: Ich heirate immer Männer, die sozusagen die zweite Wahl sind! Die, für die ich wirklich Liebe empfinde, sind für mich unerreichbar!

Das wäre jetzt ein Beispiel, mit wieviel Würze ihr vor langer Zeit eurer Dualseele begegnet sein könntet.

Natürlich kann es bei euch ganz anders verpackt gewesen sein.

Weit verbreitet ist auch die Konstellation, in der ein Seelenanteil adlig ist und einer hochgestellten Familie angehört und die jeweilige Dualseele eine Bürgerliche ist oder gar dem Personal angehört.

Auch diese beiden werden Schwierigkeiten haben, auf legale Weise zusammen zu kommen. Aber das Erkennen und gegenseitige Begehren werden sehr heftig sein, aber zwischen ihnen stehen die gesellschaftlichen Gepflogenheiten. Sie könnten eine heimliche Beziehung unterhalten, immer mit der Angst im Nacken, dass diese entdeckt wird.

Nach dieser Inkarnation könnte sich bei ihnen ein Muster festsetzen, welches besagt:

Zur echten Liebe gehört Heimlichkeit! Ich suche mir stets Partner aus, die standesmäßig unpassend sind.

Es gibt auch Seelenfamilien, die dieses erste Treffen in der Physis zu dritt planen, und dabei könnte sich eine heftige Dreiecksbeziehung entwickeln. Und die Wahrscheinlichkeit, dass sich daraus ein Misstrauensmuster bildet, welches über viele Inkarnationen in der Partnerschaft wirkt, ist sehr hoch.

So, auf diese Art und Weise habt ihr alle einmal vor langer Zeit zu eurer Dualseele gefunden, oder sagen wir besser, nicht zusammengefunden?

Aber diese heftigen Gefühle garantierten euch den Entwicklungsschritt von der Teenagerseele zur reifen Seele und dafür war es wertvoll!

Dieser Schritt war euch damals so wichtig, dass ihr dabei in Kauf nahmt, eure Liebe über viele Inkarnationen mit einem heftigen Verhaltensmuster zu versehen!

Aber jetzt ist es an der Zeit, diese Muster wieder loszulassen, zu erkennen, aufzulösen und euch darüber hinaus zu entwickeln. Seid ehrlich in euren Gefühlen, und die alten Verflochtenheiten werden verschwinden.

Frage: Bedeutet das auch, dass man, wenn man mit anderen zusammentrifft in der Physis, dieses ursprüngliche Muster auch auf andere Partner übertragen könnte?

Konfuzius
Es ist dein persönliches Muster, welches sich im Alter der Teenagerseele beim ersten Zusammentreffen mit deiner Dualseele gebildet hat. Aber du kannst es auch in nachfolgenden Beziehungen wiederbeleben. Diese Muster sind weit verbreitet.

Frage: Ich möchte gerne etwas über die Verschmelzung mit den geistigen Geschwistern wissen:
 Wir waren sehr teilungsfreudig, und ich habe 8 geistige Geschwister. Werde ich es schaffen, mit allen bis 2012 verschmolzen zu sein?

Konfuzius
Die Kymische Hochzeit – die Rückverschmelzung der Seelengeschwister zur ehemaligen Wesenheit – dauert eine gewisse Zeit. Ihr habt euch zwar bei Betreten des Dualen Universums sehr rasch geteilt und eure feinstoffliche Familie gegründet, aber dem Wiederverschmelzen in der Physis geht eine Anpassung voraus. Versteht es so: Über zahlreiche Inkarnationen habt ihr getrennte polare Erfahrungen gemacht, die in eurem Inneren abgespeichert sind und aus denen eure Überzeugungen über das Leben im Dualen Universum entstanden sind. Dann wiederum gab es Treffen in der Physis, wo ihr mit euren Seelengeschwistern gemeinsam inkarniertet. Dabei kommt es darauf an: Wie habt ihr dieses Zusammentreffen gestaltet? Gibt es aus dieser Zeit noch alte Konflikte, die auf der Traumebene besprochen werden müssen?

 Das Energiefeld zwischen euch muss sozusagen erst gereinigt werden, bevor ihr zu einer Wesenheit verschmolzen werdet! Und diese Zeit der Aufarbeitung, Reinigung und inneren Anpassung dauert mit jedem einzelnen Geschwisterteil ca. 10 Monate.

 Nun fragst du, ob du diese Wiedervereinigung mit 8 Geschwistern bis 2012 schaffen wirst?

Es ist nicht nötig, dass du dir einen Zeitrahmen setzt! Du bist in den besten Jahren! Und jedes einzelne Geschwisterteil, mit dem du verschmilzt, wird dein inneres Potential und deine Klarheit anreichern.

Letztendlich kannst du auch noch im Paralleluniversum mit deinen restlichen Geschwistern eins werden oder sogar im jenseitigen Bereich.

Wenn bei einer Familie zwei Geschwister in der Physis inkarniert sind, werden sie sowieso erst im jenseitigen Bereich verschmelzen!

Mache dir also keine Gedanken über die Zeit! Vertraue, dass sich alles zu deinem Besten entwickeln wird! Seid gesegnet, das war Konfuzius.

Frage: Bitte erklärt uns den Unterschied zwischen einer Seelenfamilie und einer Monade!

El Morya
Seid in der Liebe, das ist El Morya.

Über die Seelenfamilie hat euch ja bereits Meister Konfuzius informiert. Das ist die Wesenheit, die sich bei Betreten des Dualen Universums aufteilt, eine feinstoffliche Familie gründet, bestehend aus einem Hohen Selbst, welches sich in den Lichtwelten aufhält, und weiblichen und männlichen Anteilen, die in der Physis inkarnieren. Das ist die Seelenfamilie!

Der Begriff Monade bezeichnet eine größere Einheit: Ihr habt alle vor langer Zeit dieses Duale Universum betreten und eure frischentstandenen Seelenfamilien wurden darauf in den Lichtwelten mit anderen zusammen angesiedelt. Die Neuankömmlinge versammelten sich und nahmen gemeinsam feinstofflichen Raum in Besitz. Ihr wurdet also mit anderen Seelenfamilien im selben „Holodeck" untergebracht, worauf ihr gemeinsam mit eurer Phantasie und Schöpfermacht diesen Raum ausgestattet habt. Und diese Einheit bezeichnen wir als Monade!

Ihr lebt zusammen und beginnt auch gemeinsam euren Inkarnationszyklus, ihr werdet ausgeschüttet ins Vergessen, bewegt euch durch die Seelenalter und erwacht in etwa zur selben Zeit – vergleichbar mit einer irdischen Schulklasse.

Innerhalb der Monade gibt es eine enge Beziehung untereinander, es sind eure bevorzugten Freunde, die ihr im Irdischen wiederzutreffen wünscht. Ihr inkarniert gemeinsam, sucht euch unter Absprache Leben aus dem Hologramm-Kino, ihr helft euch gegenseitig bei Problemen und habt keine Geheimnisse voreinander – jedenfalls nicht in den Lichtwelten. Das alles zeichnet eine Monade aus!

Der kleinere Anteil dabei ist die Seelenfamilie. Eine Monade kann unterschiedlich groß sein, sie besteht in der Regel aus mehreren hundert Einzelseelen.

Wir verabschieden uns, das war El Morya.

Frage: Meister Konfuzius, ich wollte gern wissen, wie geht es euch so auf eurer Ebene? Wie sieht das energetische Wetter aus? Habt ihr auch mal schlechtes Wetter?

Konfuzius
Wir begrüßen dich und erteilen dir gern Auskunft:

Der Sitz der Meisterebene befindet sich außerhalb des Dualen Universums. Aber wir arbeiten mit euch und somit in dieses Duale Universum hinein!

Größtenteils arbeiten wir mit aufsteigenden Zeitebenen und den Menschen, die dort inkarniert sind und die Meisterschaft anstreben.

Nun ist es so: Wir haben diesen Aufstieg vor euch gemacht! Und dadurch kennen wir uns sehr gut aus mit allen menschlichen Verstrickungen und den Problemen und Sorgen, die ihr wälzt. Wir haben vor euch dieses Duale Universum betreten, haben unseren Inkarnationszyklus vor euch begonnen, sind genau wie ihr durch die Seelenalter geschritten und haben letztendlich die Meisterjahre erfolgreich bestanden. Als verschmolzene Wesenheit haben wir dieses Duale Universum wieder verlassen und sind jetzt im Kollektiv der Aufgestiegenen Meister verankert. Wir vermischen unsere Energien und so etwas wie Polarität gibt es in dieser Ebene der Einheit nicht!

Dafür kennen wir eher das Gefühl von Eins-Sein, von Vermischung und gegenseitiger Bereicherung.

Möglicherweise gab es Momente in eurem Leben, wo ihr etwas ähnliches erlebt habt?

Durch unsere Arbeit in die Dualität hinein werden wir auch konfrontiert mit euren Sorgen. Aber wiederum sind diese Sorgen nicht unsere Sorgen!

Wir betrachten das, was euch in eurem Inneren bewegt, aus einem anderen Blickwinkel, aber wir könnten uns aufgrund unserer eigenen vergangenen Inkarnationserfahrung da einfühlen. Auf der Ebene der Aufgestiegenen Meister gibt es diese Polarität, die ihr im Irdischen empfindet, nicht!

Es ist eher eine Erfahrung des Seins, vermischt mit dem Blickwinkel einer verstärkten Bewusstheit!

Wenn wir über viele Stunden in die irdische Ebene hineinarbeiten, bekommen wir so etwas wie eine Rückerinnerung, wie sich das Ganze anfühlt. Aber da wir auch ein Kollektiv sind, wechseln wir uns ab.

Frage: Wo endet die materielle Erfahrungsmöglichkeit aus Sicht der Meister? Ab wo gibt es gegebenenfalls nur noch eine gefühlsmäßige Erlebbarkeit?

Konfuzius
Eine sehr hochschwingende Frage!

Eine stoffliche Erlebbarkeit, wie ihr sie aus der Materie kennt, gibt es z.B. auch im jenseitigen Bereich. Auch dort werdet ihr von Gegenständen und Ausstattungen umgeben sein, die eurer feinstofflichen Schwingung entsprechen!

Ebenso können sich die Aufgestiegenen Meister, die dieses Duale Universum verlassen haben, einen stofflichen Raum erschaffen, der unserer Schwingungsfrequenz entspricht und als Realität erlebbar ist. Natürlich sind wir uns bewusst, dass wir diese Realität mit Hilfe unserer innewohnenden Schöpfermacht selbst erschaffen haben!

Auch auf der Ebene der Elohim sind diese Materialisationen möglich!

Eine alleinige gefühlsmäßige Erlebbarkeit gibt es in dem Sinne nicht. Was ihr da definiert habt, kommt am ehesten dem Zustand des Seins nahe! Nur ist dieses Sein mit Bewusstheit ausgestattet und Schöpfermacht!

Eure Gefühle erschaffen euren Seinszustand! Eure Gedanken erweitern oder schmälern eure Bewusstheit!

Je nachdem in welcher Schwingung oder Ebene sich ein Körper befindet, hat er entweder ein klares Bewusstsein und ein Gefühl der Einheit oder auch nicht.

Die Quelle ist die Einheit! Das Duale Universum ist die Polarität! Und dazwischen gibt es viele Abstufungen!

Traumkörper und physischer Körper

Frage: Wie ist das, wenn wir nachts auf die Traumebene gehen, wissen wir dann über unsere ganzen Inkarnationen Bescheid und kennen automatisch alle alten Bekannten oder ist das erst möglich, wenn wir verstorben sind?

Konfuzius
Nein! Auf der Traumebene ist sich eure Seele aller vergangenen Inkarnationen, alles, was sie erinnert und an innerem Wissen erschlossen hat, bewusst. Genauso verhält es sich auf der Verstorbenen-Ebene!

Nur, wenn ihr jetzt wach und luzide träumt, dann schmälert sich dieses Potential, weil ihr euer Wachbewusstsein mit einbringt. Und dieses Wachbewusstsein hat einen engeren Erfahrungsrahmen, einen engeren Horizont!

Frage: Welches Aussehen hat der Traumkörper?

Konfuzius
Euer Traumkörper hat das Aussehen eures physischen Körpers, nur ist er vom Alter her flexibel.

Ihr könnt also auch, wenn ihr sehr alt seid, einen Traumkörper haben, der sozusagen in den besten Jahren ist!

Frage: Welchen Körper besitzt die Seele, wenn sie verstorben ist, und wie funktioniert er? Könnten sie auch essen, trinken und atmen?

Konfuzius
Die Seelen, die sich in den Lichtwelten aufhalten, haben Körper, die mit euren feinstofflichen Traumkörpern identisch sind. Da gibt es

emotionale und mentale Bestandteile. Es ist aber in dem Sinne nicht nötig, dass sie essen oder trinken, davon sind sie unabhängig. Diese Bedürfnisse beschränken sich auf die Physis.

Aber es gibt auch in feinstofflichen Körpern so etwas wie angedeutete Organe. Diese bilden sich durch die vielen Inkarnationen in der Physis. Ursprünglich, als ihr dieses Duale Universum betreten habt, waren sie nicht vorhanden.

So könnte also auch ein feinstoffliches Wesen atmen oder Speisen zu sich nehmen und wieder ausscheiden, aber es existiert ebensogut ohne Atem und ohne Nahrung – es verfügt ansatzweise über innere Organe, die aber im jenseitigen Bereich meist nicht genutzt werden.

Frage: Was nimmt der physische Körper durch Inkarnation in der Physis in einem Elternhaus an Charaktereigenschaften und Veranlagungen auf? Wird die Seele davon auch betroffen?

Konfuzius
Ihr habt, wenn ihr geboren werdet, biologische Eltern, die sich dazu entschließen, ein Kind zu empfangen, und euch somit einen Platz zur Inkarnation bieten.

Die Mutter sowie der Vater haben eigene Prägungen, z.B. auf dem Gebiet der Gesundheit, auf seelischer Entwicklungsebene, dafür ist ausschlaggebend wie viele Inkarnationen bereits gelebt wurden, es kommt darauf an, wie stark der mentale Einfluss ist, welche Vorstellungen der Verstand hat und wie stark der gefühlsmäßige Einfluss ist und wie das Ganze zusammenspielt mit Erlebnissen aus früheren Inkarnationen und persönlichen Erfahrungen aus dieser Kindheit.

So, und jetzt kommt ihr in dieses Gemisch von zwei Personen und bringt eure eigenen Prägungen mit ein. Wobei euer Potential absolute Priorität hat, es bestimmt, was ihr von den Angeboten eurer Eltern übernehmt und was nicht.

Das Erbgut eurer Eltern kann euch insofern beeinflussen, dass die übereinstimmenden Punkte gestärkt oder im Gegenteil auch geschwächt werden und die neuen Fertigkeiten als Angebot stehen.

Euer Potential bestimmt, was ihr annehmt!
In einem verstärkten Maße wird das physische Aussehen weitergegeben. Beantwortet das deine Frage?

Antwort: Naja, bis auf das, was die Seele betrifft! Nimmt die Seele auch etwas auf oder nur der physische Körper?

Konfuzius
Die Seele beinhaltet all das, was ihr in eurem Inneren an Gedanken und Gefühlen, Überzeugungen, selbstgewählten Wahrheiten pflegt, sozusagen das Bewusstsein – das macht die Seele aus!

Frage: Wir suchen uns doch bei jeder Inkarnation neue Eltern aus. Kann man sich da auch mal vergreifen?

Konfuzius
Wenn ihr einen Körper verlasst, wenn ihr sterbt, verfügt ihr über einen bestimmten Erfahrungsreichtum, der in dieser Inkarnation abgedeckt wurde. Es gibt in euch so eine Art Programm, was besagt, welche Ängste und Zweifel euch plagen, welche Überzeugungen ihr hegt, was ihr für wahr und real haltet und wofür ihr euch interessiert. All das ergibt in eurem Inneren eine Codierung, die beim Verlassen des alten Körpers abgespeichert wird, aber bearbeitet auf den höchsten Stand eurer Erkenntnis. Das bedeutet: Wenn ihr am Ende eures Lebens körperlich und geistig abgebaut habt, beeinträchtigt das nicht eure nächste Inkarnation!

Euer innerer Code entscheidet darüber, welches künftige Leben ihr euch auswählen werdet und mit welchen Themen euch dieses Leben konfrontieren wird. Aufgrund der inneren Codierung ist garantiert, dass euch ein Leben geboten wird, was euch bestimmte noch anstehende Entwicklungsschritte ermöglicht.

Im Hologramm-Kino wird euer Code gelesen und das Angebot an Rollen entspricht eurer Codierung! Ihr wählt euch ein Elternhaus, und oftmals kennt ihr die Personen aus dem feinstofflichen Bereich oder hattet bereits gemeinsame Leben.

Und auch die Eltern wissen auf einer bestimmten Ebene, welches Kind sich bei ihnen einbringt.

Insofern gibt es da keine Fehlgriffe!

Aber wenn es euch so scheint, zeigt das an, dass ihr mit eurer Vergangenheit noch nicht restlos ausgesöhnt seid. Hier wartet noch Arbeit auf euch!

Die Bildung des Egos

Frage: Wenn jetzt eine Frau schwanger ist, ab wann wohnt die Seele des Kindes in ihr?

Konfuzius
Beim Zeugungsakt wird das künftige Kind vollautomatisch angezogen, es bringt sozusagen seine eigene Prägung zu den beiden sich mischenden Komponenten ein. Es reicht also nicht, dass Frau und Mann ihre Energien zusammenfließen lassen, um ein Kind zu zeugen, dafür braucht es noch etwas Drittes. Ohne die Seele des Kindes würde das befruchtete Ei wieder absterben. Die Seele kommt also bei der Zeugung herab, und für diese Aktion gibt es wiederum vorher eine Absprache auf der Traumebene, die ist dem Nachtbewusstsein der künftigen Eltern bekannt.

Die Seele tritt in den frischgezeugten Fötus ein, gibt ihm seine Prägung, und dann gibt es einen Rhythmus, der vergleichbar ist mit eurem Schlafzustand, wo euer Nachtbewusstsein den Körper verlässt und wieder zurückkehrt. So ähnlich verläuft das auch mit der Seele des künftigen Kindes. Sie wohnt nicht beständig über die gesamte Phase der Schwangerschaft in der Mutter. Sie wird diesen Bereich verlassen, hinausgehen durch die Decke des Bauches und die Lichtwelten aufsuchen.

Dort erledigt sie gewisse Aktivitäten, die ihr wichtig sind für diese Inkarnation. In einem bestimmten Rhythmus kehrt sie zurück in den Leib der Mutter und wird in einem späteren Fötusstadium das Kind bewegen. Das ist vergleichbar mit eurem Traumkörper, wenn ihr nachts kurz wach werdet, euch in eine andere Position bringt und danach wieder einschlaft. Das gleiche gilt für die Seele des Fötus.

Frage: In dem Zusammenhang habe ich noch eine Frage: Ihr habt gesagt, wir gehen durch den Kanal des Vergessens. Wann setzt dieses Vergessen bei einem Fötus oder Neugeborenen ein?

Konfuzius
Das Vergessen setzt allmählich nach der Geburt ein. Die Erinnerungen an euren Inkarnationszyklus sind in dem Sinne nicht gelöscht, sondern eher in eurem Inneren unter Verschluss. Forscht ihr jetzt in diese Richtung, könnt ihr Teile eures Bewusstseins öffnen und euch anschauen. Besonders stark ist der emotionale Bereich geprägt, da kann es in diesem Leben zu äußeren Begebenheiten kommen, die eine heftige Erinnerung und Angst aus einer früheren Inkarnation auslösen. Zum Beispiel: Flugangst – die Ursache dafür könnte mit einer vergangenen Inkarnation zu tun haben. Häufige Ursache von Flugangst ist die Erfahrung des Abgeschossenwerdens. Das bedeutet, ihr seid mit dieser Angst in einem vergangenen Leben gestorben und daraus könnte sich heute eine Panik vor Flügen entwickeln, weil euer Emotionalkörper weiß: Fliegen gleich Abgeschossenwerden gleich Sterben!
    Euer Mentalkörper hat meist angenehmere Dinge gespeichert. Er beschenkt euch mit Talenten, Geschicklichkeit und innerem Wissen. Oft erstaunt es euch nicht im Geringsten, warum ihr z.B. handwerkliches Geschick besitzt, mühelos und fehlerfrei Klavier spielen könnt oder euch eine bestimmte Sprache sehr leicht fällt. Auch das sind Erfahrungen, die mit vergangenen Inkarnationen zu tun haben!

Frage: Was ist das Ego? Wie kommt es zustande?

Konfuzius
Wenn ein Kind geboren wird, besitzt es noch kein Ego. Es steht in Verbindung mit der geistigen Welt über die offenstehende Fontanelle und seine Wahrnehmungsorgane sind noch sehr stark in die sogenannte „Welt der Geister" ausgerichtet. Es wird besucht von Seelenfamilienangehörigen, vom Hohen Selbst und Freunden aus der

Monade. Es wird immer jemand da sein, der eine Hand auf dem Kind hat. Die Sinnesorgane des Kindes wechseln allmählich auf die physische Ebene über.

Das war bei jedem von euch so!

Jedes Kind entwickelt zwischen dem zweiten und dritten Lebensjahr ein Ich-Bewusstsein. Wenn es anfängt zu sprechen, vermeidet es noch das Wort Ich, sondern setzt an diese Stelle den Namen, es könnte beispielsweise sagen: „Maxim will Bausteine!" Die Identifikation mit dem Körper hat noch nicht stattgefunden! Später schenkt es seinem Spiegelbild Beachtung und wählt bewusst die Bezeichnung „Ich". Gleichzeitig wird es konfrontiert mit der Erziehung durch die Eltern. Es lernt, was richtig und was falsch ist, was gut und was böse ist. Und dabei kommt es in Berührung mit der Dualität.

Das bedeutet, das Kind wird ermuntert, selbst Dinge zu bewerten und auch sich selbst zu bewerten.

Die Eltern bringen ihm bei, wie es üblich ist, in der irdischen Realität zu funktionieren. Das ist der Augenblick, wo das Ego geboren wird, und dieses Ego ist fürs Überleben in der Physis wichtig, es hilft euch bei der Organisation eures Alltages. Das Ego ist in der Lage, selbständig zu denken, aber oft herrscht ein sogenanntes Schwarz-Weiß-Denken vor, wo vorgegebene Informationen übernommen werden, bis sie durch eigene gegenteilige Erfahrungen in Zweifel gezogen werden.

Ebenso wird die Information der Eltern, „dass Geistwesen nicht existieren!" vom Kind angenommen, und obwohl es der eigenen Erfahrung widerspricht, wird das Ego des Kindes die Information der Eltern für richtig halten, weil sich bisherige Hinweise von ihnen als wahr und hilfreich erwiesen haben. Euer Ego bildet sich in dem Moment, wo ihr erstens euch selbst mit dem Körper identifiziert und zweitens bereit seid, Wissen aus der Dualität zu übernehmen, obwohl ihr im Inneren fühlt, dass es falsch ist oder dass es noch eine andere Wahrheit gibt!

Das Ego oder der Verstand bilden eine neue Art Bewusstsein, was nur tagsüber und nur in der Materie gilt. Durch eure Schulen beginnt ein Wetteifern von dimensionsbezogenem Wissen, welches allein auf die Materie ausgerichtet ist. Idealerweise sollten euch eure Schulen auch mit dem in euch wohnenden Wissen vertraut machen und euch lehren, wie ihr es erschließt.

Jeder von euch besitzt einen Emotionalkörper und einen Mentalkörper und darin ist eure gesamte innere Weisheit abgespeichert, angefangen von persönlichen Erfahrungen über universelle Gesetze und dem Surfen in der Akasha-Chronik – alles steht in eurem Inneren zur Verfügung. Aber euer Ego bestimmt darüber, wie weit ihr den Blickwinkel öffnet und was ihr an Wahrheiten annehmt oder auch nicht. Euer Öffnungswinkel hat wiederum Einfluss auf die Schwingung eures Chakrensystem und euer Chakrensystem beeinflusst euer Wohlempfinden.

Das Ego ordnet ein in: gut und schlecht gemacht, in wertvolle und wertlose Erfahrung. Eure anderen Bestandteile, der Emotionalkörper und der Mentalkörper, bewerten nicht. Aber das Ego erschafft euch eine eigene, etwas begrenztere Welt, indem es aufgrund von gemachten Erfahrungen innere Überzeugungen bildet, die euch vermitteln: Die Gesetze auf diesem Planeten sind so und so!

Frage: Weiß nur mein Hohes Selbst, warum ich dieses Leben gewählt habe? Oder hat auch meine Seele davon Kenntnis?

Konfuzius

Ein Teil von dir, der auch in den Lichtwelten zu Hause ist und des Nachts deinen Körper verlässt, weiß sehr, sehr genau, warum du diese Inkarnation gewählt hast. Nicht nur dein Hohes Selbst weiß darüber Bescheid. Du hast dir diese Inkarnation ausgesucht, um bestimmte Erfahrungen zu machen und in dir eine höhere Reife zu erreichen, deine Bewusstheit mehr zu entfalten, den Entwicklungsschritt zur alten Seele zu gehen, die Meisterjahre erfolgreich zu durchlaufen und eventuell diesen Inkarnationszyklus für immer zu beenden. Das war deine Absicht!

Und mit dieser Absicht sind viele von euch jetzt inkarniert!

Der Teil von dir, der nachts deinen Körper verlässt, der sich bewusst erinnert, weiß um diese Wahl!

Frage: Tauschen sich mein Hohes Selbst und meine Seele in der Traumwelt darüber aus oder läuft das im Einvernehmen ohne Austausch?

Konfuzius
Dein Bewusstsein ist in ein Tages- und ein Nachtbewusstsein gespalten. Das Nachtbewusstsein steht im Austausch sowohl mit deinem Hohen Selbst als auch mit anderen Teilen deiner Wesenheit. Das Nachtbewusstsein trägt die erhaltenen Informationen und Pläne zum Körper, so dass dein Tagesbewusstsein die Möglichkeit hat, darauf zurückzugreifen. Nur ist deinem Tagesbewusstsein nicht alles bewusst. Es braucht mehr Zeit, um die Dinge zu erkennen, die dein Nachtbewusstsein schon weiß. Dein Tagesbewusstsein oder Ego erweitert allmählich den Blickwinkel.

Frage: Kann das auch über das Lesen von Büchern geschehen?

Konfuzius
Es gibt unterschiedliche Möglichkeiten. Das Lesen ist bei den meisten Menschen der erste Schritt.

Sie werden an Wissen herangeführt, welches einer ganz bestimmten Sparte angehört, dabei werden das Interesse für Spiritualität, Esoterik, Seele, Bewusstseinsarbeit und Lebensschule animiert.

Meist ist der nächste Schritt, diese Dinge in der Praxis anzuwenden.

Frage: Hält mich das Ego gefangen?

Konfuzius
Wir verurteilen das Ego nicht, weil es für euch sehr, sehr wichtig für die Organisation eures Alltages ist. Aber das Ego ist begierig, Neues zu erfahren und auch seinen Blickwinkel zu erweitern. Es wird von der Seele geschult, wenn es bereit dafür ist. Bei vielen gibt es eine

Phase, in der Ego und inneres Wissen gegeneinander in den Kampf ziehen – jeder möchte sein Weltbild behalten und bringt Argumente, warum seine Ansicht stimmig ist. Irgendwann wird das Ego dabei begreifen, dass ihm nichts genommen wird, sondern im Gegenteil etwas Größeres angeboten. Und da beginnt die bewusste Verknüpfung zwischen Seele und Verstand.

Geht liebevoll mit eurem Ego um! Das bringt euch am weitesten!

Die Rolle des Hohen Selbstes

Frage: Was machen eigentlich die Hohen Selbste während der ganzen Zeit des Inkarnationszykluses? Ich finde, sie sind fein raus! Sie sind androgyn geblieben, haben nichts vergessen, sitzen da oben in den Lichtwelten herum und brauchen sich nicht über die Materie zu ärgern. Eigentlich müssten sie doch vor Langeweile platzen?

Konfuzius
Du hast vollkommen recht, sie haben zweifelsfrei den geruhsameren Part! (lachend) Gut!

Wir können es den Erzengeln gegenüber nicht verantworten, eure diesbezügliche Annahme zu stärken! Hin und wieder haben sie schon etwas zu tun – auch wenn man das nicht mit praktischer Erfahrung in der Materie vergleichen kann. (lacht immer noch) Wundersamerweise ist noch keiner von ihnen vor Langeweile geplatzt! Spaß beiseite!

Wir werden jetzt diese Frage ernsthaft beantworten:

Es gibt in diesem Dualen Universum ein Gesetz, welches besagt, dass jeder Inkarnierte an jedem siebenten Tag durch das Hohe Selbst betreut wird! Dieser Rhythmus ist euch garantiert! Unabhängig davon, wie weit oder in welche Richtung sich jemand entwickelt hat. Es ist ein universelles Gesetz und gilt für jeden, ob er nun hochspirituell ist oder ein Verbrecherdasein führt. Das Gesetz sagt sinngemäß: Am 7. Tage sollst du ruhen!

Vielleicht habt ihr es schon mal irgendwo gelesen? Und damit sind nicht eure Hände, sondern euer ständig quatschender Verstand gemeint!

An diesem Tag werdet ihr, während ihr durch den Alltag geht, von der Aura eures Hohen Selbstes begleitet sein. Eure innere Stabilität,

Ruhe und Ausgeglichenheit steigern sich, ihr fühlt euch kraftvoll, seid mehr in eurer Mitte. Die Erledigungen fallen euch leicht, ihr seid innerlich am Jubeln und Trällern, plötzlich fällt es euch leicht, euer Leben aus einer euphorischen Perspektive zu betrachten, ihr seid ideenreich und schlagfertig.

Es ist ein ganz natürlicher Betreuungsrhythmus, den jeder Inkarnierte hat! Vollautomatisch ohne Gegenleistung! Manchmal liegt ihr am Ende dieses Tages zufrieden und voller Dankbarkeit im Bett und freut euch darüber, dass sich alles so zum Positiven gewandelt hat!

Das tut euer Hohes Selbst für jeden von euch – jede Woche einmal!

Oft wünscht ihr euch, wenn doch endlich mal jemand käme und Klarheit in mein Leben bringen würde! Es kommt jede Woche jemand, nur tritt er nicht äußerlich in Erscheinung. Er benutzt dein Energiefeld, deine Gedanken, deine Gefühle!

Es liegt nur an euch, diesen Rhythmus zu erkennen, den Tag herauszufinden und daraus den größtmöglichen Nutzen zu ziehen.

Frage: Wie kann man herausfinden, welcher Tag es ist?

Konfuzius
Das ist sehr leicht! Wenn ihr euch selbst aufmerksam beobachtet, wisst ihr es nach wenigen Wochen.

Es ist der Tag, an dem ihr am besten drauf seid! Ihr seid ausgeglichen, mehr in eurer Mitte und es ist mit hoher Wahrscheinlichkeit immer derselbe Wochentag, es sei denn, in eurem Leben steht etwas Wichtiges an, dann kann es auch mal ein anderer Tag sein!

Frage: Was ist, wenn ein Hohes Selbst neun Kinder hat und die alle inkarniert sind? Dann kann es doch diesen Rhythmus überhaupt nicht einhalten?

Konfuzius
Das kommt nicht vor! Wenn eine Familie neun Kinder hat, befinden sich nicht alle gleichzeitig in der Materie. Es sind vier oder auch

fünf inkarniert, die anderen befinden sich im jenseitigen Bereich zwischen den Inkarnationen. Die Zeit, die ihr im Irdischen verbringt, ist in etwa gleich lang wie die Pausen zwischen den Leben.

Wenn ein Hohes Selbst fünf Inkarnierte zu betreuen hat, ist es nicht zu beneiden, es hat ganz schön zu tun und muss sich jeden Tag auf eine andere Zeitebene, andere Lebensumstände und Entwicklungsschritte einstellen. Aber ihr könnt darauf vertrauen, dass es Übung darin hat!

Frage: *Wie ist das eigentlich mit dem freien Willen? Gilt er nur für die Erde oder für das gesamte Duale Universum?*

Konfuzius
Jeder in diesem Universum verfügt über einen freien Willen! Über die freie Wahl seiner Gedanken, Gefühle und Handlungen – mit der Konsequenz, irgendwann einmal die Verantwortung dafür zu übernehmen. Das gilt für jeden bewohnten Planeten in diesem Dualen Universum.

Ihr verfügt also über diesen freien Willen und könnt euch dahin bewegen, wo es euch hinzieht.

Nun gibt es allerdings auch einen Lebensplan, in dem festgelegt ist, welche Erfahrungen ihr machen möchtet, um euch vorwärts zu entwickeln.

Durch die Verbindung zu eurem Hohen Selbst werdet ihr geleitet von einem unsichtbaren Lenker. Dabei werden Ereignisse in euer Leben gezogen, die eng verknüpft sind mit anderen, die sich ebenfalls in der Physis befinden. Euer gemeinsames Ziel ist dabei die Selbsterkenntnis, wobei ihr euch neue Fragen stellt, um über euch selbst hinauszuwachsen und auf eurem Lebensweg voranzuschreiten.

Nun ist es so: Die einzige Wesenheit, die die Macht besitzt, euren freien Willen zu durchkreuzen, ist euer Hohes Selbst! Es achtet sehr euren freien Willen und wird nur in Ausnahmen eingreifen!

Wenn ihr beabsichtigt, durch euren freien Willen an eurem Lebensweg vorbei zu gehen, wenn ihr beabsichtigt, bestimmte Dinge in euer Leben einzuplanen, die so nicht vorgesehen waren, dann hat euer Hohes Selbst die Möglichkeit, einzuwirken durch Situationen, die euch davon abhalten.

Zum besseren Verständnis benutzen wir ein Beispiel:

Angenommen, ihr seid auf der Erde in England inkarniert und eure Zeitebene schreibt das Jahr 1912.

Eure besten Freunde kommen auf Besuch und erzählen euch von einer Schiffsreise, die sie geplant haben. Sie haben wundervolle Prospekte von einem Luxusliner dabei – das Schiff heißt: Titanic.

Und ihr überlegt euch, wie wäre es, wenn wir diese traumhafte Reise auch buchen würden?

Euer Hohes Selbst wird euch auf der Traumebene über die besondere Funktion dieser Reise informieren. Möglicherweise wacht ihr schweißgebadet mit Schiffsuntergangsvisionen auf, aber euer Verstand ignoriert die Warnung. Schließlich wisst ihr ganz genau, dass nicht einmal Gott dieses Schiff versenken könnte! Es stand sogar in der Zeitung. Und so eine Zeitung hat immer recht!

Ihr bestellt euch Tickets. Als nächstes erfahrt ihr, dass eure Tochter genau in der Zeit eurer Abwesenheit ihren Heiratstermin planen möchte. Euer Wille ist fest entschlossen! Nichts kann eure Reisepläne erschüttern! Die gedankliche Umstimmung eures Hohen Selbstes hat also nicht funktioniert!

Ihr trefft konkrete Reisevorbereitungen, packt eure Koffer und bestellt eine Pferdekutsche, die euch zum Hafen bringen soll.

Jetzt ist euer Hohes Selbst gezwungen, mit härteren Bandagen einzugreifen. Es wird dafür sorgen, dass ihr am Morgen verschlaft, aber da das Schiff erst am Mittag ausläuft, könnt ihr die verlorene Zeit aufholen. Die Pferdekutsche ist da, ihr fahrt los. Der Kutscher ist sturzbetrunken und schlägt „aus Versehen" den falschen Weg ein. Als nächstes lahmt das Pferd und muss ausgetauscht werden.

All das kostet Zeit, die an euren Nerven zehrt. Euer Verstand und Wille ist immer noch darauf fokussiert, die Titanic zu erreichen!

Kurz vor Southampton bricht die Achse der Kutsche, ihr springt schäumend vor Wut um euer schlammiges Gepäck, welches in einer Pfütze liegt, und beschimpft den armen Kutscher, dem ihr garantiert, dass er seines Lebens nicht mehr froh wird!

Letztendlich kommt ihr mit drei Stunden Verspätung im Hafen an – die Titanic ist bereits ausgelaufen. Und wenn ihr jetzt außer eurer Wut über die verpasste Reise noch aufnahmefähig wäret, könntet ihr bemerken, dass es viele Passagiere gibt, die die Abfahrt verpasst haben.

Euer Hohes Selbst hat also die Möglichkeit, in euer Leben einzugreifen, aber es wird es nur dann tun, wenn es notwendig ist! Seid gesegnet, das war Konfuzius!

Frage: Ihr habt im ersten Buch die Aussage gemacht, dass uns die Hohen Selbste während der Meisterjahre nicht unterstützen dürfen. Auf der anderen Seite habt ihr den Energieaustausch mit dem Hohen Selbst empfohlen. Könnt ihr diesen Widerspruch näher erklären?

Konfuzius
Gern! In dem Moment, wo ihr den Energieaustausch mit eurem Hohen Selbst vornehmt, gleicht sich euer Schwingungspotential und damit eure entwicklungsmäßige Entfaltung jedesmal auf das für euch im Moment höchste, verträgliche Niveau an und dieser Austausch ist wertvoll für euer Vorwärtskommen. Auch verändert sich der 7-Tage-Betreuungsrhythmus, ihr seid dann häufiger in der Energie eures Hohen Selbstes.

Nun kommen wir zu den sogenannten Meisterjahren: Diese Meisterjahre sind immer dann sehr stark vertreten, wenn eine Realitätsebene aufsteigt und wenn eine große Anzahl der Bevölkerung diesen Aufstieg mit ihrem physischen Körper durchlaufen möchte. Das bedeutet nicht, dass diese Erfahrung zu anderen Zeiten nicht erlebbar ist! Nur sind es dann eher Einzelne.

Genauso wie in eurer Realitätsebene nicht jede inkarnierte Seele diesen Aufstieg zum jetzigen Zeitpunkt machen möchte.

Diejenigen, die sich für den Aufstieg entschieden haben, durchlaufen eine Phase, wo sie geprüft werden, und gleichzeitig werdet ihr dabei unterstützt von euren geistigen Geschwistern, die sich in den Lichtwelten aufhalten.

Der Energieaustausch mit dem Hohen Selbst ist davon nicht betroffen, weil es ein willentlicher Akt ist, der von euch ausgeht.

Eure Geschwister üben sich in der Aufgabe, die sonst eurem Hohen Selbst zukommt. Sie unterstützen euch, indem sie euch nachts auf der Traumebene beraten, und wenn es um Entscheidungen geht, zeigen sie euch mögliche Varianten auf. Das ist der Teil der Prüfung, die eure Geschwister in den Lichtwelten absolvieren. Und in dieser Phase wird sich euer Hohes Selbst zurückhalten!

Es darf auch in dem Sinne nicht mehr eingreifen in euer Leben oder Angelegenheiten verhindern.

Eure Geschwister dürfen das, allerdings in einem enggesteckten Rahmen.

Angenommen, eine physisch inkarnierte Person, die gerade in einer spirituellen Krise steckt, möchte diesen Aufstieg abbrechen, dann dürfen eure Geschwister eingreifen und das einmal verhindern. Sollte diese Krise länger andauern, und es bedarf wieder eines Eingriffes, muss dafür eine Genehmigung eingeholt werden, und möglicherweise wird es diesmal für euch nicht ganz ohne spirituelle Blessuren abgehen.

Solange eure Geschwister noch massiv in eure Pläne eingreifen müssen, habt ihr die Prüfung zur Meisterschaft noch nicht bestanden! Sie müssen euch sozusagen so weit bringen, dass ihr verantwortungsbewusst und kraftvoll euer Leben annehmt, dass ihr geradlinig euren Weg geht, dass ihr eure Gefühle und Gedanken meistert. Habt ihr diesen Entwicklungsschritt eine Zeitlang erfolgreich ausgeführt, gilt die Prüfung als bestanden, und ihr bekommt die Genehmigung zur Kymischen Hochzeit, die dahin führt, dass ihr dieses Duale Universum wieder verlassen dürft.

Aber der Energieaustausch mit dem Hohen Selbst ist in jeder Phase möglich, er läuft unabhängig von der Betreuung durch eure Geschwister. Das Gleiche gilt für den 7-Tage-Rhythmus!

Die Prüfung betrifft also nicht nur euch in der Physis, sondern alle Anteile, die die Absicht haben, sich zu den Aufgestiegenen Meistern zu gesellen. Seid gesegnet, das war Konfuzius.

Einmischung in das Leben anderer

Frage: Jeder sucht sich doch die Situation aus, in die er hineingeboren werden will, zur Erfüllung seiner spezifischen Aufgaben. Insofern hätte ich eigentlich kein Recht, mich in das Leben anderer Menschen einzumischen, nicht mit Rat und Tat und auch nicht mit Hilfe.

Es könnte ja sein, dass ich verhindere, dass er bestimmte Erfahrungen macht, die er braucht.

Zum Beispiel: Jemand will die Erfahrung bitterer Armut erleben, wenn ich ihm helfe, nehme ich ihm diese Lernchance. Oder eine Person will die Erfahrung machen, körperlich zu leiden, im Gefängnis oder gar durch Folter oder Vergewaltigung – soll ich das alles geschehen lassen?

Oder ich töte aus edlen Motiven einen Diktator, um das Los vieler Menschen zu verbessern und andere Leben zu retten. Darf, soll ich das?

Habe ich das Recht, den Diktator zu überzeugen, ein besserer Mensch zu werden? Oder muss ich ihm die Chance lassen, böse zu handeln? Darf, muss ich ihn töten, um tausende Menschen zu retten?

Egal, welche Seite ich wähle, es scheint mir immer falsch zu sein! Es ist nicht möglich, das Richtige zu wählen!

Wir möchten gern eure Meinung dazu wissen!

Konfuzius
Seid gesegnet, seid in der Liebe, das ist Konfuzius.

Das ist sehr interessant! Und wir werden euch gerne helfen, Klarheit in die verschiedenen Aspekte einzubringen. Viele Menschen haben auf diesem Gebiet unklare Vorstellungen!

Gehen wir davon aus, da ist eine Person, die Hilfe benötigt. Von der ihr wisst, sie würde Hilfe brauchen, und ihr seid euch unsicher, sollt ihr dieser Person helfen oder nicht? Oder verhindert ihr damit ihre persönliche Lernaufgabe?

Grundsätzlich gilt, dass ihr andere Menschen insofern unterstützen sollt, dass ihr ihnen eure Hilfe anbietet, wenn sich die Situation ergibt. Nehmen wir ein ganz einfaches Beispiel:

Angenommen, ihr seid in der Stadt und unweit eures Standortes stürzt eine ältere Dame mit ihren Einkäufen zu Boden. Wie verhaltet ihr euch? Eilt ihr ihr zu Hilfe und helft ihr wieder aufzustehen oder bewahrt ihr die selbstgefällige Distanz eines Beobachters? Im zweiten Falle wird sich über die innere Stimme euer Gewissen melden, und es wird sich nicht von Erklärungen beeindrucken lassen, die da heißen könnten: „Schau an, die Alte hat offensichtlich geplant, auf die Schnauze zu fallen. Jetzt bin ich aber gespannt, wie lange sie braucht, bis sie sich wieder aufgerappelt hat?"

Das ist eine sehr lieblose und selbstgefällige Betrachtungsweise!

Es wurde das Beispiel aufgeführt, dass eine Person die Erfahrung von Armut machen möchte.

Ihr kennt diese Person, und ihr könntet es euch leisten, sie finanziell zu unterstützen. Und in diesem Falle solltet ihr es tun! Das wäre die richtige Entscheidung!

Es ist so, eine Person, die für sich gewählt hat, in Armut zu leben, muss nicht unbedingt mit diesen Bedingungen glücklich sein. Natürlich erschafft sie sich ihre eigene Realität, und sie hat mit Sicherheit Glaubenssätze und Überzeugungen, die diese Situation der Armut hervorgebracht haben!

Wenn ihr einer anderen Person Hilfe zufließen lasst, dann wird das ihre Situation nicht in der Art verändern, dass sie schlagartig einer höhergestellten Gesellschaftsschicht angehört. Das ist üblicherweise nicht der Fall!

Wenn es in eurem Freundeskreis eine Person gibt, von der ihr wisst, dass sie unter Armut leidet, dann solltet ihr sie, wenn ihr es euch leisten könnt, in dem Rahmen unterstützen, der euch angemessen erscheint. Das selbstgeschaffene Gefüge der Person wird sich dadurch nicht grundlegend verändern.

Eine weitere Unklarheit betrifft kranke Personen:

Wenn eine Person krank ist, dürft ihr sie dann in ihrer Heilung unterstützen oder beeinflusst ihr damit ihren Lebensplan?

Grundsätzlich könnt ihr Hilfe anbieten!

Aber achtet darauf, wenn eine kranke Person eure Art der Hilfe nicht will, weil sie viel lieber eine Operation, Tabletten oder dergleichen annehmen möchte, womit ihre Symptome gelindert würden, dann akzeptiert diese Entscheidung!

Geht achtsam mit der Person um, und wenn sie sich für eine Heilmethode entscheidet, die euch möglicherweise nicht sinnvoll erscheint, bietet ihr an, ihren Horizont zu erweitern, indem ihr Gespräche in die Richtung lenkt, dass es für alle Symptome im Inneren sehr wahrscheinlich Gründe gibt. Ihr könntet ihr sagen, dass die Krankheit ein Hinweis auf Unzufriedenheit ist, die ihr bildhaft vorspiegelt, wo die Lebenssituation klemmt!

Darauf könnt ihr die Person hinweisen, aber achtet ihre Entscheidung! Lasst sie zufrieden, wenn sie sich für etwas anderes entscheidet. Vielleicht ist im Moment noch nicht der richtige Zeitpunkt!

Aber möglicherweise hat sie in sechs Monaten oder in einem Jahr ein anderes Bild und kommt dann ihrerseits auf euch zurück!

Lasst sie selbständig entscheiden und aus den Möglichkeiten wählen!

Das wäre jetzt ein achtsamer Umgang mit kranken Menschen!

Des weiteren wurde das Beispiel ausgeweitet auf Gewalt, Terror, Vergewaltigung, Folter und dergleichen:

Wenn ihr zu einer Situation dazukommt, die eurem Inneren – eurem Herzen widerstrebt, dann seid ihr nicht zufällig dort!

Das bedeutet nicht, dass ihr euch in die Schlägerei zwischen zwei Raufbolden einmischen solltet.

Aber wenn die Kräfte unausgeglichen sind, wenn einem Schwächeren Gewalt angetan wird, dann ist es nicht eure Aufgabe wegzuschauen!

Ihr könntet die Situation dann verbal ausbremsen und oft gelingt das auch!

Angenommen, euer Nachbarhaus brennt, und ihr seht das, dann seid ihr ebenfalls aufgefordert, die Feuerwehr zu rufen und die Löscharbeiten nach euren Möglichkeiten zu unterstützen.

In eurer Zeit bildet sich mehr und mehr ein kollektives Wir-Bewusstsein heraus und das bedeutet auch, dass ihr euch für den anderen mitverantwortlich fühlt, dass ihr nicht einfach die Tür schließt, wenn ihr bemerkt: das Nachbarhaus steht in Flammen!

Ihr seid dann aufgefordert zu helfen und tut es in dem Rahmen, der euch in dem Moment in den Sinn kommt. Und wisset auch, dass ihr angeleitet werdet, so dass ihr genau das Richtige tut!

Ihr spürt es in eurem Inneren deutlich, ob ihr euch angemessen verhalten habt!

Des weiteren wolltet ihr wissen, wie ihr euch verhalten sollt gegenüber einem Diktator.

Schauen wir uns eine solche Situation an:

Da gibt es also eine Person, die auf machtvolle Weise Gewalt ausübt und auf der anderen Seite eine Anzahl Opfer, die bereit sind, unter diesem Diktator zu leiden. Nun ist die Größe der Gruppe, die der Diktator beherrscht, sehr unterschiedlich, das kann eine Familie sein oder eine größere Gruppe Menschen, die sich von dieser Person vorschreiben lassen, auf welche Weise sie zu leben haben, oder es könnte sich auch um einen Staatschef handeln, der ein ganzes Volk unterdrückt.

Das bedeutet also, auf der einen Seite gibt es eine negative Macht, die Druck ausübt, und auf der anderen Seite eine unterschiedlich große Anzahl von Menschen, die bereit sind, unter dieser Tyrannei zu leiden, denn sonst wären sie nicht da hineingeboren bzw. von der Gruppierung angezogen wurden.

Grundsätzlich gilt: Wenn die Gruppierung genügend unter dem Diktator gelitten hat, bildet sich eine Opposition!

Eine Gegenkraft, die möglicherweise anfangs im Verborgenen agiert, aber irgendwann werden sich aus dieser Partei Menschen erheben. Und das geschieht auf unterschiedliche Weise:

Ältere Seelenalter bevorzugen eine verbale, passive Form des Widerstandes. Wohingegen jüngere Seelenalter es vorziehen, diesen Diktator zu bekämpfen. Sie haben die Vorstellung, wenn sie diese Person töten, ist damit der Terror beseitigt. Aber das ist ein Irrtum!

Die Umwälzung und Beendigung des Terrors kann nur aus der Opposition der geknechteten Gruppe erfolgreich geschehen! In der Mitte befindet sich der Aggressor und um ihn herum schart sich die Gruppe – das Volk. Wird die Unzufriedenheit zu groß, findet aus der Menschengruppe heraus ein Machtwechsel statt – sie werden den Diktator erfolgreich stürzen oder zum Rücktritt zwingen.

Diese Angelegenheiten lassen sich nicht von außen regeln!

Uns ist es sehr wichtig, dass ihr begreift, dass solche Aktionen von Außenstehenden niemals erfolgreich gelöst werden können! Es ist ein Irrtum, wenn ihr annehmt, dass ihr von außen durch den gewaltsamen Sturz eines Regimes eine demokratische Gesellschaft aufbauen könnt!

So etwas ist nur erfolgreich, wenn der Anstoß aus den eigenen Reihen der unzufriedenen Menschen kommt! Ihr werdet von außen niemandem erfolgreich eine Demokratie überstülpen! Im Gegenteil:

Ihr verwirrt damit die vorhandenen Kräfte und zögert den Machtwechsel hinaus, indem sich eine dritte Partei einmischt.

Für Einzelpersonen gilt: Ihr solltet euren Standpunkt kundtun, wenn es die Situation ermöglicht!

Das bedeutet nicht, dass ihr mit eurer Meinung hausieren gehen sollt! Aber haltet eure Meinung nicht zurück und drängt sie keinem anderen als die einzig gültige Wahrheit auf. Wartet ab, und wenn die andere Person eure Meinung oder Lebensweise nicht annehmen möchte, dann akzeptiert es!

Es ist sinngemäß so, dass ihr euch die Situation, mit der ihr im Physischen konfrontiert werdet, selbst erschaffen habt durch Gedanken, alte Prägungen und innere Überzeugungen, die Erfahrungen im Außen anziehen. Und ihr seid geneigt zu glauben, dass die Wirklichkeit aufgrund eurer zahlreichen Erfahrungen so und so ist! Ihr bestärkt damit eure Meinung über das Leben und wie es funktioniert! Ihr erschafft euch also eure Realität ganz und gar höchstpersönlich!

Nun ist es so, dass sehr viele Personen auf der Suche sind, sie haben auf einer unbewussten Ebene begriffen, dass sie sich ihre Situation selbst erschaffen haben. Aber möglicherweise fühlen sie sich noch unfähig, aus diesem Karussell der automatischen Manifestationen auszusteigen. Und dabei könnt ihr, die ihr diesen Schritt bereits getan habt, ihnen behilflich sein, indem ihr euer Wissen, eure Erfahrungen mit anderen teilt. Teilt sie mit denen, die bereit sind zuzuhören.

Aber seid achtsam und stülpt niemandem euer Weltbild über!

Würdest du bitte überprüfen, ob wir die Frage vollständig beantwortet haben?

Bemerkung: Höchstens noch, muss ich einen Diktator töten, um tausend Menschen zu retten?

Konfuzius
Die Idee, jemanden zu töten, um andere zu retten, kommt im allgemeinen nur jungen Seelen!

Reife und alte Seelen kommen nicht auf die Idee, jemanden durch Beseitigung seines Lebens zu verändern und damit die Situation umzukehren.

Reife und alte Seelen würden auf passive Weise Widerstand leisten, indem sie verbal zum Ausdruck bringen, was sie möchten. Ein gutes Beispiel dafür war der Zusammenbruch der ehemaligen DDR, der auf friedvolle Weise durch Demonstrationen des Volkes herbeigeführt wurde.

Wenn Menschen mit äußeren Gegebenheiten unzufrieden sind, aber in sich selbst Frieden erschaffen haben, wenn sie fähig sind, über ihre eigene Begrenzung hinauszuschauen, dann sind sie auch in der Lage, friedvoll zu demonstrieren und kundzutun, in welchem System es ihnen wert ist zu leben.

Es geht dabei um inneres Wachstum!

Eure momentanen Friedensdemonstrationen, so wertvoll sie auch sind, weil sich global eine große Gruppe Menschen gefunden hat, die bekundet, dass sie friedvolle Lösungen vorzieht, sind zum Teil noch sehr von Hass untermauert.

Es geht nicht darum, die politische Führung eines Landes mit einer Anprangerung des Volkes zu verwechseln. Überall auf eurem

Planeten gibt es friedvolle Menschen, die mit hohen Idealen in dieses Leben gegangen sind!

Es geht auch nicht darum, immer nur gegen etwas zu demonstrieren. Ihr solltet auch kundtun, welches positive Ergebnis ihr anstrebt. In dem Falle wären es friedvolle Lösungen!

Eure Anti-Kriegs-Demonstrationen sind ein wertvoller Anfang, aber ihr solltet dahin kommen, dass ihr wahrhaftige Friedensdemonstrationen daraus macht!

Bemerkung: Es geht noch weiter: Ich kann die positiven Entwicklungen auf diesem Planeten sehen, aber es gibt auch eine gegenläufige Tendenz: So verschlechtert sich seit Jahrzehnten die Situation in den Entwicklungsländern, wo immer mehr Menschen hungern und sterben an Krankheiten und Mangelernährung. Wenn ich mit meinen bescheidenen Mitteln jemandem helfe, kann es sein, dass ich dadurch nur noch mehr Not herbeiführe.

Konfuzius

Wir bedanken uns für diesen sehr schönen Brief!

Zum Teil haben wir dazu schon ausführlich Stellung genommen!

Unterstützung ist sinnvoll in der Gruppe Menschen, mit denen ihr lebt und befreundet seid! Unterstützt die Bedürftigen, die ihr persönlich kennt, wenn es eure Mittel erlauben! Das ist sinnvoll!

Nun gibt es auf eurem Planeten unterschiedliche kollektive Prägungen. Es gibt Länder, wo bittere Armut herrscht, wo die breite Masse der Bevölkerung leidet und wenige über immensen Reichtum verfügen. Aber es ist nicht die Aufgabe von Außenstehenden, das zu verändern!

Als erstes ist es immer sinnvoll, wenn ihr bei euch beginnt und in eurem eigenen Inneren aufräumt. Und danach in eurem Bekanntenkreis! Und dann in eurem Wohnort, dann in eurer Stadt – im Destrikt, danach in eurem Land, auf dem Kontinent und erst zum Schluss auf der gesamten Erde.

Wenn das jeder beachtet, werden sich erstaunliche Dinge tun!

Seid gesegnet, das war Konfuzius.

Frage: Es gibt auf unserer Erde viele Unruheherde. Ich denke jetzt gerade an Israel, wo seit langer Zeit ein Kampf zwischen Palästinensern und Juden tobt. Fast täglich gibt es neue grausame Nachrichten. Und ich frage mich, wie das enden soll? Was könnte Frieden schaffen?

Kuthumi
Seid gesegnet, seid in der Liebe, das ist Kuthumi.

Lasst uns diese Frage mit einer Analogie beantworten: Es gab vor langer Zeit einmal einen sehr, sehr weisen Juden – er hieß Moses. Moses besaß die Fähigkeit, das Wasser zu teilen! Wir wiederholen: Er besaß die Fähigkeit, „das Wasser zu t-e-i-l-e-n", und entkam damit seinen Häschern. Damit ist alles gesagt!

Allgemeine Fragen

Frage: Viele Familien lösen sich auf. Warum ist das so? Gibt es eine günstigere Form des Zusammenlebens als die bei uns verbreitete Kleinfamilie?

Kuthumi
Eure Partnerschaften hier in dieser Zeitdimension wurden zum Teil zu einem Zeitpunkt geschlossen, als ihr noch sehr unbewusst wart. Wobei ihr euch häufig Partner wähltet, die etwas repräsentierten, was euch selbst mangelte.

Auch gab es oft andere Gründe als die Liebe, die zwei Menschen zusammenführte. Bedürfnisse wie abgesichert zu sein, dem Wunsch der Eltern zu entsprechen oder genau dem gegenteiligen Wunsch, das Bestreben, eine gute Partie zu machen, oder die Befriedigung eurer sexuellen Bedürfnisse führten euch genauso häufig in Partnerschaften wie die Liebe!

Ein weiterer Punkt der Instabilität eurer Beziehungen hat mit dem intensiven Bewusstseinswachstum zu tun. Oft entfalten sich zwei Menschen, die zusammen leben, auf diesem Gebiet nicht unbedingt synchron. Ein Partner arbeitet an sich und erweitert seinen Horizont, der andere bleibt in seinen alten Mustern haften. Wenn die Basis der Partnerschaft Liebe ist, lassen sich solche Wachstumsschwankungen ausgleichen. Ist das nicht der Fall, wird es oft auf längere Sicht unerträglich.

In der Sexualität kommt es zwischen zwei Menschen zu einem heftigen Austausch von Energien und es wird weit mehr vermischt als Körperflüssigkeiten. Euer Schwingungsfeld sendet sich aus und reagiert mit dem des Partners, es findet dabei eine Angleichung statt. Nun zum zweiten Teil eurer Frage:

Wir werden dafür einen Zeitsprung in die Zukunft unternehmen und betrachten uns Bereiche, die vom Bewusstseinsniveau dem Paralleluniversum gleichen. Auch dort gibt es üblicherweise Partnerschaften, die in der sogenannten Kleinfamilie zusammenleben. Aber die Art ihres Zusammenlebens ist anders! Die Basis ihrer Partnerschaften ist ausnahmslos Liebe. Jegliche Vorteile, die mit finanzieller Absicherung zu tun haben, fallen dort weg. Es gibt also keine Beziehungen, die aus wirtschaftlichen Gründen geschlossen wurden. Auch wird der Partner in keinster Weise als persönlicher Besitz betrachtet, wie es manchmal bei euch noch der Fall ist!

Jeder pflegt Freundschaften und Kontakte zu Menschen beiderlei Geschlechts, ist aber mit hoher Wahrscheinlichkeit dem Lebenspartner treu.

Es gibt dort nicht den Anspruch, dass eheähnliche Verbindungen unter der Prämisse geschlossen werden ... „bis dass der Tod euch scheidet"! Aber viele bleiben freiwillig und aus Freude ein Leben lang zusammen, weil sie den idealen Partner gefunden haben und sich gar keinen anderen wünschen.

Auch gibt es häufig eine tolerantere Form des Zusammenlebens, wo sich Menschen mit gleichen Interessen finden und beschließen, gemeinsam zu wohnen, zu forschen und zu arbeiten.

Eure Wohngemeinschaften sind Versuche in diese Richtung. Nur dass im Paralleluniversum auch jeder Räume für sich hat, in die er sich zurückziehen kann, und andere Räume und Ausstattungen stehen der Gemeinschaft offen. Es gibt Absprachen über gemeinsame Nutzung und Vereinbarungen, die Arbeiten oder die Beaufsichtigung von Kindern betreffen. Die in der Gemeinschaft lebenden Kinder werden nicht ausschließlich von ihren Eltern betreut.

Im Großen und Ganzen ist das Leben lockerer und toleranter als eure Partnerschaften auf der Erde, aber ihr wachst da bereits hinein. Seid gesegnet, das war Kuthumi.

Frage: Ich möchte gern wissen, welches mein Lebensplan ist? Was habe ich mir vorgenommen für dieses Leben?

Konfuzius
Seid gesegnet, das ist Konfuzius.

Liebe..., du hast dir, bevor du auf diese Erde gekommen bist, Pläne gemacht, und diese Pläne sind in dir in Form von Wünschen, besonderen Ideen und Talenten angelegt. Du hast alles, um sie zu verwirklichen! Einschließlich des freien Willens, es nicht zu tun!

Höre in dich hinein: Was interessiert dich ganz besonders? Wo hast du Fähigkeiten und Talente, die in eine ganz bestimmte Richtung weisen? Was hat dich von frühester Jugend an interessiert?

Jedes Kind hat bestimmte Neigungen, die deutlich zum Vorschein kommen, wenn die Eltern ihnen die Freiheit lassen, sich zu entfalten.

Spüre in dich hinein, welchen Weg dir deine Fähigkeiten und Talente aufzeigen! Was begeistert dich ganz besonders?

Wir sind nicht bereit, dir zu sagen, du hast das, das und das, genau in dieser Reihenfolge geplant! Weil dieser Lebensplan nicht in Granit gemeißelt ist! Du kannst ihn so oder so auslegen und ihn auf deine ganz spezielle Art verwirklichen oder auch nicht!

Würden wir dir jetzt sagen: Du hast das und das geplant, würden wir den Teil von dir, der über einen freien Willen verfügt, missachten. Möglicherweise würdest du von diesen weitergeleiteten Aufgaben nur die Hälfte erfüllen oder etwas, wozu du dich nicht berufen fühlst, weglassen. Aber irgendwann könntest du aufgrund deiner eigenmächtigen Veränderung Gewissensbisse oder Schuldgefühle entwickeln, weil du dir einredest, du hättest deinen Lebensplan verfehlt und ihn nicht erfüllt.

Die Ebene der Aufgestiegenen Meister wird euch niemals konkrete Pläne durchgeben, weil ihr euch jederzeit an diese Dinge selbst erinnern könnt, wenn ihr es wollt. Wir sind gerne bereit, die von euch entdeckten Talente zu bestätigen. Aber die Aufgabe, sie zu entdecken, fällt euch zu!

Seid gewiss, dass das, was ihr wirklich tun wolltet, euch vollständige Erfüllung schenken wird!

Ihr kommt dadurch in Fluss und euer Leben wird unendlich reicher!

Frage: Könntet ihr uns erklären, welchen Sinn es macht, dass Kinder sterben? Es heißt doch immer, es werden nur noch reife und alte Seelen geboren? Aber welchen Sinn macht es, wenn sie gleich wieder wegsterben?

Konfuzius
Diese Frage ist entstanden aufgrund der Flugzeugkatastrophe in eurem Land. Wir möchten euch gern Folgendes dazu übermitteln:

Wenn Kinder sterben, dient das oftmals einem ganz speziellen Zweck:

Die meisten Kinder in eurer Zeitebene, die nicht erwachsen werden, haben es überhaupt nicht mehr nötig gehabt, noch einmal auf der Erde zu inkarnieren. Sie sind oft in ihrer Entwicklung so weit, dass ihnen weitere Erdenleben nichts mehr bringen würden.

Aber manchmal inkarnieren sie aus Liebe zu ihren Freunden, die sie über viele Inkarnationen kennen, noch einmal für kurze Zeit. Sie haben sich in diesem Leben die Aufgabe gestellt, ihren Eltern beim Erwachen zu helfen. Es ist aber nicht ihre Aufgabe, noch ein vollständiges Leben auf der Erde zu vollenden. Der Sinn ihres Daseins besteht darin, dass sie ihren Eltern vorleben, mit wieviel Lebensfreude, mit wieviel Liebe und Freiheit ein Mensch ausgestattet sein kann.

Diese Kinder haben des weiteren die Gabe, auch nach ihrem physischen Tod mit ihren Lieben in Kontakt zu treten und ihnen dadurch beim Erwachen zu helfen. Die Eltern werden sich dadurch Fragen stellen, die sie sich bisher noch nicht gestellt haben, sie können dabei erkennen, dass ihre Kinder über den physischen Tod hinaus weiter existieren. Das bringt sie in Kontakt mit ihrer eigenen Seele und der Möglichkeit, das Zusammenleben sehr zum Positiven zu wandeln, indem sie anfangen, die Werte ihrer Kinder zu leben und gemeinsam auf der Erde zu verankern.

Das war der Sinn dahinter!

Frage: In der jungen Generation gibt es viele, die im Augenblick an Drogen hängen, die abhängig sind von Marihuana, Haschisch, Ecstasy,

Kokain und anderen Rauschmitteln. Das beunruhigt mich sehr! Und ich möchte euch fragen, ob uns als Gesellschaft das etwas sagen soll? Oder ob diese jungen Menschen an der Erde verzweifeln, oder ob sie nicht bereit sind, ihre Aufgabe zu übernehmen?

Konfuzius
Das lässt sich nicht für alle stimmig beantworten! Da gibt es unterschiedliche Gründe, die persönlicher Natur sind. Aber es gibt auch etwas, was allgemein in dieser Gruppe verbreitet ist:

Diese junge Generation sieht die Art und Weise, wie es üblich ist oder war, auf diesem Planeten zu leben mit euren gesellschaftlichen Strukturen, und sie fühlen deutlich: So möchten wir nicht leben!

Zum Teil haben sie Angst, auf diesem Planeten eine Art Roboterleben führen zu müssen, mit einer Schubladenentwicklung, die dem Einzelnen wenig Beachtung schenkt und ihn in eine Arbeitsgesellschaft eingliedert, die ihn nicht befriedigt. Davor haben sie Angst, und sie spüren, dass sie dafür nicht auf die Erde gekommen sind.

Aber es gibt darüber hinaus individuelle Gründe, warum sich jeder einzelne in diesen Kreis begeben hat. Was sie verbindet, ist eine große Unzufriedenheit mit der Art ihres Lebens, und die Droge muss dafür herhalten, dass sie sich in andere Sphären flüchten können. Wichtig ist, dass sie erkennen, dass sie geboren wurden, um hier eine Aufgabe zu erfüllen. Viele haben das Gefühl, durch einen kosmischen Irrtum auf einen Planeten verbannt worden zu sein, der ihnen nichts zu bieten hat. Doch es gibt keinen kosmischen Irrtum! Sie sind hier, um ihrem Leben einen Sinn zu verleihen und eine Aufgabe zu erfüllen.

Seid gesegnet, das war Konfuzius.

Frage: Wie ist das mit geklonten Kindern, haben sie auch eine eigene Seele? Entscheiden sie sich bewusst, in diese Situation zu gehen?

Kuthumi
Seid gesegnet, seid in der Liebe, das ist Kuthumi.

Als erstes möchten wir uns über eine gemeinsame Definition des Wortes „geklont" einigen!

Geklont bedeutet für uns: Aus einer Person wird ein neues, eigenständiges Wesen erschaffen ohne Geschlechtsakt und Anteile einer gegengeschlechtlichen Person!

In diesem Dualen Universum könnt ihr aus euch selbst heraus keine sogenannten geklonten Geschöpfe erschaffen, die der obrigen Vereinbarung entsprechen! Ihr könnt Teile der Vereinbarung weglassen, aber das ist dann kein echter Klon!

Ihr könnt es deshalb nicht, weil ihr bereits geteilte Wesen seid, und somit fehlt euch das Gen der „Vollständigkeit" – der Androgynität. Aufgrund dieses Mangels könnt ihr aus euch selbst heraus kein eigenständiges, lebensfähiges Wesen erschaffen. Eure Versuche zu klonen enden immer bei Frau und Mann, ihr benötigt dazu zwei Personen mit unterschiedlichen Geschlechtsmerkmalen.

Auf anderen Ebenen, die außerhalb dieses Dualen Universums liegen und die von androgynen Wesenheiten bewohnt sind, ist das Klonen, nach der oben genannten Definition, möglich!

Eine androgyne Wesenheit kann im Vollbesitz ihrer Schöpfermacht, mit der Kraft ihres Willens, aus dem eigenen Inneren heraus ein Duplikat ihrer selbst erschaffen. Das geschieht in Liebe und Achtung vor dem neuerschaffenen Wesen. Aber das ist nur außerhalb dieses Dualen Universums möglich!

Lasst es uns so erklären: Eine androgyne Wesenheit entfernt sich von der Quelle, sie erschafft mit der in ihr ruhenden Schöpferkraft nach außen, sie versprüht sich in Freude und Leidenschaft, sie schöpft von innen nach außen und erschafft sich auf Wunsch Gesellschaft, indem sie sich teilt.

Sie benötigt dafür weder ein Labor noch einen Kreissaal!

Aber die letzte Teilung, die sie vollzieht, ist die bei Betreten des Dualen Universums! Das große Ausatmen ist beendet! Jetzt geht es in die andere Richtung!

Von jetzt an kann sie sich nur neu erschaffen durch Vermischung. Hier gibt es zwei Geschlechter, die einander bedürfen, wenn ein Kind entstehen soll!

Die Versuche, die eure Wissenschaftler auf dem Gebiet des Klonens anstreben, werden nicht von Erfolg gekrönt sein. Die Bedingungen ihrer Experimente entsprechen nicht der einen Person, aus der ein gleicher Mensch erschaffen wird. Es ist immer verbunden mit Anteilen von gegengeschlechtlichen Partnern, die bei diesen Versuchen hinzugezogen werden müssen. Ohne zweigeschlechtliche Anteile geht es nicht!

Damit erübrigen sich deine Bedenken!

Frage: Wer entscheidet darüber, ob es Krieg gibt? Sind das an erster Stelle die Staatsoberhäupter oder auch die Stimmung im Volk?

Kuthumi
Es entscheidet vor allen Dingen die Stimmung im Volk! Die Stimmung, die die breite Masse aussendet! Wenn viele Menschen die innere Überzeugung haben, kämpfen zu müssen, und viele in Feindbildern denken, dann besteht die Tendenz für Krieg. Es ist dann eine Wahrscheinlichkeit da, die sich realisieren könnte!

Von euren Medien werden zu einem großen Teil hasserfüllte Stimmungen produziert, indem nicht objektiv berichtet wird, sondern einseitig mit dem Ziel, bestimmte Emotionen hochzuschaukeln!

Das ist ein Missbrauch! Er kann aber nur dann erfolgreich stattfinden, wenn die Leser oder Zuschauer unfähig sind, selbst objektiv zu denken! Diese Nachrichten fallen dort auf fruchtbaren Boden, wo Leser gewohnt sind in Feindbildern zu denken. Dann schaukelt sich die hasserfüllte Stimmung hoch, und es wird Menschen geben, die bereit sind, dafür zu kämpfen. Diese Energie wird von den Staatsoberhäuptern empfangen und kanalisiert zum bestehenden Konfliktherd.

Aber der Konfliktherd wird jeweils erschaffen durch eine verzerrte Berichterstattung! Es wäre sehr vorteilhaft, wenn eure Journalisten objektiv, ohne zu bewerten, berichten würden, wenn eure Staatsführer alles tun würden, um Konflikte friedlich zu lösen, und wenn die breite Masse fähig wäre, objektiv zu denken.

In eurer Zeitebene gibt es noch einige Menschen, die feindliche Gedanken und Hass empfinden gegen andere Nationalitäten und die den Glauben haben, Probleme ließen sich durch Krieg lösen. Die Wahrscheinlichkeit ist groß, dass genau sie in kriegerische Handlungen hineingezogen werden!

Wenn ihr also spürt, ihr habt aus unauffindbaren Gründen eine Wut auf eine bestimmte Nation, dann würde es euch helfen, wenn ihr eine Rückführung in diese Inkarnation machen würdet, um nachzuschauen, was der Grund für dieses Gefühl ist. Und dann überlegt euch, ob ihr diese Spirale von Hass und Vergeltung fortsetzen möchtet!

In vergangenen Jahrhunderten war die Bereitschaft für Krieg in der Bevölkerung noch wesentlich höher, als das heute der Fall ist. Mittlerweile gibt es einen großen Anteil Menschen, die davon überzeugt sind, dass Konflikte zwischen Völkern durch Gespräche, gegenseitiges Kennenlernen und vertrauensvolle Offenheit auf friedvolle Weise gelöst werden können. Auch diese Energie sendet sich in positiver Weise aus!

Ihr befindet euch in einer aufsteigenden Realitätsebene, das bedeutet, die Energie, die jeder einzelne in sich selbst pflegt, wird erhöht und erschafft euch persönliche Erfahrungen!

Die Menschen also, die nicht gewillt sind, ihre Feindbilder zu bearbeiten, werden aufgrund ihrer inneren Ausstrahlung in einen Konfliktherd hineingezogen, und zwar vollautomatisch. Sie ernten ihre eigene Saat! Und haben dabei die Möglichkeit, diesen Planeten zu verlassen oder bedingt durch Situationen einen Bewusstseinssprung zu machen, den sie bisher auf andere Weise nicht erleben konnten.

In Extremsituationen, wo Menschen sich bekämpfen, besteht eine große Wahrscheinlichkeit für bewusstseinsmäßige Öffnungen aufgrund des hohen Angstpegels. Soldaten sind oft übernächtigt, nervlich angespannt und in entsetzlicher Angst um das eigene Leben. Viele sind in Situationen größter Not bereit, Gott um Hilfe zu bitten – eine Hilfe, die ihnen durch wundersame Erlebnisse zuteil wird und die, wie wir hoffen, ihr nachfolgendes Leben verändert!

Frage: Weshalb haben einige Naturvölker so grausame Rituale, wie z.B. das Beschneiden der Mädchen?

Kuthumi
Im Ursprung war es ein Einweihungsritual, welches junge Mädchen auf die Geschlechtsreife und ihre Rolle als Ehefrau und Mutter vorbereiten sollte. Dieses Ritual sollte sie aus der Kindheit entlassen und feierlich in die Gemeinschaft der Erwachsenen aufnehmen. In allen Kulturen finden sich vergleichbare Zeremonien. Das war die urspüngliche Bedeutung!

Nun gibt es einige Völker, die dem ursprünglichen Ablauf des Rituales bestimmte Handlungen beigefügt haben, die sehr schmerzhaft sind, wie das von dir erwähnte Beschneiden der Mädchen.

Es gibt immer wieder Veränderungen im Ablauf von Zeremonien, einmal durch Weiterentwicklung der Menschen, zum anderen dadurch, dass das ursprüngliche Ritual nicht vollständig zur nächsten Generation überliefert werden konnte, bedingt durch äußere Ereignisse wie Kriege oder Verbot einer religiösen Handlung durch fremde Machtübernahme. Wenn also eine bestimmte Handlung 20, 30 oder gar 50 Jahre verboten war, gab es nur noch wenige, die den exakten Ablauf nachvollziehen konnten.

Die schmerzhaften Veränderungen von rituellen Handlungen wurden zumeist von religiösen Fanatikern eingeführt, welche glaubten, sie könnten durch Beifügung von hohem emotionalem Druck den Reiz und die Intensität des Rituales verstärken. Seid in der Liebe, das war Kuthumi.

Frage: Ich würde gern etwas wissen über die Bedeutung der Krafttiere?

Konfuzius
Seid gesegnet, seid in der Liebe, das ist Konfuzius.

In früheren Zeiten, als die Menschen noch mehr mit der Natur verbunden waren, da hatten sie auch eine besonders starke Beziehung zum Tierreich, zum Wetter und zu den Elementen. Damals hatten Krafttiere eine besondere Bedeutung.

In diesem Stadium der Inkarnation, wo ihr noch in Höhlen oder einfachen Hütten lebtet und sehr viel Zeit draußen verbrachtet, habt ihr oft eine besondere Beziehung zu einem Tier aufgebaut, was ebenfalls in eurer Gegend lebte. Es bestärkte euch in eurer Sicherheit, wenn ihr in der Dunkelheit unterwegs wart. Bestimmte energetische Eigenschaften, wie Mut, Kraft, Ausdauer, Geschicklichkeit verbandet ihr mit Tieren. Der Adler stand beispielsweise für Freiheit und Überblick von oben. Der Bär, der in der Vergangenheit noch in eurer Gegend angesiedelt war, stand für Stärke, Gerechtigkeit und Ausdauer.

Ebenso hattet ihr Nutztiere, zu denen ihr einen persönlichen Bezug aufgebaut hattet: Pferde, Hunde, Ziegen, Schafe, Kaninchen und Hühner. Zugtiere und Hunde unterstützten den Menschen direkt bei der Arbeit oder hielten Wache.

Nun ist es so: Die Krafttiere haben die Bedeutung, dass die Qualität oder Eigenheit, für die das Tier steht, bei euch im eigenen Inneren erschaffen wird. Betrachtet die Eigenschaften der Tiere und schließt daraus auf die Energie, mit der sie euch helfen könnten. Wenn ihr offen seid für euer Krafttier, kann es euch helfen, energetisch mehr in Balance zu kommen!

Frage: Ich würde gern eine Frage zu meinem Hund stellen! Ich habe eine 11 jährige Hündin, sie ist mir sehr ans Herz gewachsen, und sie hat sehr starke Ähnlichkeiten auch in der Verhaltensweise mit dem Hund meiner Großeltern, den sie damals hatten, als ich noch Kind war. Gibt es bei Tieren auch so etwas wie Reinkarnation? Der Hund meiner Großeltern ist schon über 20 Jahre tot. Könnte er in meiner Hündin wiedergeboren sein?

Konfuzius
Liebe ..., Tiere besitzen eine Gruppenseele. Das bedeutet, sie machen nicht wie die Menschenseele individuelle Erfahrungen, sondern sie haben ein anderes Bewusstsein, welches auf unterschiedlichstem Gebiet Inkarnationserfahrungen zusammenträgt. Als der Hund deiner Großeltern gestorben ist, kehrte seine Seele in den

„Teich" der Gruppenseele zurück, er brachte dabei seine erworbenen Haustiererfahrungen ein, bereicherte damit die Gruppenseele und mischte sich mit anderen Bestandteilen.

In diesen „Gruppenseelenteich" gehen alle Erlebnisse, die tierisches Bewusstsein in diesem Universum fähig ist zu sammeln, ein. Von der Eintagsfliege bis zum Elefanten, vom Adler bis zum Zuchtbullen stehen alle Bereiche offen. Die Erfahrung des Haustieres ist dabei eine sehr weitentwickelte, mutige Stufe, weil sie sich in die Obhut eines anderen Bewusstseins – nämlich des Menschen – begeben. Dieser Gruppenseelenteich hat in sich so etwas wie eine ausgleichende Energie, wir würden fast das Wort Selbstheilungsprogramm wählen. Das heißt praktisch: Kehrt die Seele eines Hundes in diesen Teich zurück, bringt sie einmal ihre speziellen Erfahrungen ein, wird von einer innewohnenden „göttlichen Intelligenz" durchgecheckt nach Mängeln und in einer neuen ausgeglichenen Mischung nach einer Ruhephase in diesem Teich zurückgeschickt – vielleicht als dein Hund und mit Anteilen des Hundes deiner Großeltern. Dieses Selbstheilungsprogramm funktioniert in der Art, dass kranke, überzüchtete Haustiere sich mit Seelenanteilen von kraftstrotzenden Wildtieren mischen.

Haustiere besitzen noch eine bestimmte Eigenschaft und auch die wollen wir euch beschreiben:

Sie empfangen sehr deutlich Gedankenbilder, sie wissen, wer ihnen freundlich gesonnen ist und wer nicht. Ebenso erspüren sie, welche Funktion sie in diesem Haushalt zu erfüllen haben. Das geht soweit, dass sie eure Glaubenssätze über das Leben übernehmen. Einmal erkennen sie, wenn ihr plant, sie zu füttern, noch bevor ihr euch in Bewegung gesetzt habt, und zum anderen haben sie einen starken Nachahmungsdrang, in ihrem Verhalten spiegeln sie Eigenarten ihrer Besitzer beziehungsweise verdrängte Dinge – bestimmte Benehmensarten, die ihr unter den Teppich kehrt, die in eurem Leben keinen Platz haben! Die werden von euren Haustieren erkannt und stellvertretend ausgelebt.

Frage: Mir hat neulich jemand erzählt, da kämen Wesenheiten von einem anderen Planeten, die seien 4 Meter groß und würden sich Og Min nennen. Sie kämen und würden der Erde helfen, in die fünfte Dimension zu kommen. Kann das wahr sein?

Konfuzius
Kommen sie im physischen oder im feinstofflichen Sinne, wie lautet die korrekte Aussage?

Bemerkung: Das weiß ich nicht!

Konfuzius
Folgendes dazu: Wesenheiten mit dem Namen Og Min gibt es! Sie kommen von der Venus! Nur sind sie nicht 4 Meter groß!

Nun kommt es darauf an, wie diese Aussage gemacht wurde, im feinstofflichen Bereich bestehen Verbindungen zwischen vielen Außerirdischen und der Erde, aber im physischen Sinne müsst ihr in den nächsten Jahren nicht damit rechnen, dass Außerirdische mit Raumschiffen auf der Erde landen und offiziell mit euch Kontakt aufnehmen. Sie beobachten euch und warten eure Entwicklung weiter ab!

Was nun die Größe anbelangt, so können wir euch sagen, die Og Min sind zwar großgewachsen, aber 4 Meter ist unrealistisch, sie sind etwa 2 Meter groß oder auch geringfügig darüber!

Auf der lichten, feinstofflichen Venus leben Bewohner, die sehr liebevoll und aufgeschlossen sind, aber es gibt auch den grobstofflichen Spielrahmen dieses Planeten. Das ist bei allen Planeten des gesamten Dualen Universums so!

Ihr habt somit also zu lichtvollen, weiterentwickelten Außerirdischen Kontakt, aber auch zu Wesen, die aus dem grobstofflichen und problembeladenen Universum zu euch stoßen. Was die Letztgenannten betrifft, die können euch nicht weiterhelfen, und oft treiben sie ihre eigenen Probleme hier her.

Es gibt bei euch ein Buch mit dem Titel: „Ich komme von der Venus", darin werden die Og Min beschrieben! Seid gesegnet!

Frage: Ich möchte gern etwas über die Kornkreise wissen? Welche Wesenheiten legen sie und mit welchen technischen Mitteln? Welchen Zweck haben sie, und wann werden sie mit uns Kontakt aufnehmen?

Konfuzius
Die meisten Kornkreise, die bei euch auf der Erde auftauchen, werden von Raumschiffen und Außerirdischen, wie ihr sie bezeichnen würdet, gelegt. Das bedeutet, ein Raumschiff nähert sich eurer physischen Ebene und dann wird ein Strahl nach unten geschickt, der Materie verändern kann. Sie schreiben in diese Kreise Botschaften, Symbole und Schlüssel, so dass ein aufwändiges Piktogramm entsteht. Im allgemeinen gilt, dass die Kornkreise von lichtvollen Außerirdischen, die also eurer Entwicklung voraus sind, aufgezeichnet werden. Es geht dabei darum, dass sich die Energie, die in diesen Symbolen beheimatet ist, schwingungsmäßig auf eurem Planeten etabliert.

Das ist der eine Zweck!

Parallel dazu soll es allerdings auch eure Meinung, dass ihr die einzigen intelligenten Lebewesen im Universum seid, etwas ankratzen und in Zweifel ziehen.

Es gibt natürlich auch einige Kornkreise, die von Bauern geschaffen wurden, aber ihr seht den Unterschied an der Aufwendigkeit des Musters und an der Strahlkraft der Schwingung. Das ist das, was wir euch zum gegenwärtigen Zeitpunkt dazu sagen können.

Frage: Wir haben neulich gehört, dass wir mit den Energiefeldern von Atlantis und Lemurien noch einmal in Kontakt kommen. Müssen das immer negative Felder sein? Es könnte doch auch sein, dass wir positive Felder dort finden und wir sie in dieser Zeit nutzen können?

Konfuzius
Ihr habt alle irgendwann in der Vergangenheit positive und wertvolle Erfahrungen gemacht. Aber prinzipiell lässt es sich doch eher so darstellen, dass ihr in der gegenwärtigen Inkarnation eure höchste Schwingung, eure höchste Ethik und Bewusstseinsentwicklung

erreicht habt. Weiter zurück fanden die Ereignisse statt, die euren persönlichen Weg durch die Seelenalter kennzeichneten.

Und wenn ihr jetzt von Atlantis oder Lemurien irgend etwas auflösen möchtet, dann handelt es sich in der Mehrzahl um Dinge wie: nicht am Aufstieg teilnehmen, sich machtlos fühlen!

Auch damals, als Atlantis unterging, war die Erde in einer Schwingungserhöhung und viele waren damals in den Meisterjahren – in dem Prozess, den ihr jetzt durchlauft. Und wer diese Meisterenergie und die Bewusstseinserweiterung damals halten konnte, ist zu dieser Zeit aufgestiegen und hat danach aufgehört zu inkarnieren.

Bei dieser Auflösung geht es um Angstgefühle und Zweifel, die sinngemäß lauten:

„Ich habe nicht genügend Licht in mir, um daran teilzunehmen! Meine Bewusstheit und Liebe reichen nicht aus! Ich ahne, dass es zu einer Katastrophe kommt!"

Diese Dinge fließen dabei ab!

Frage: Wenn jemand den Untergang von Atlantis erlebt hat, müssen die damit verbundenen Ängste auch aufgelöst werden?

Konfuzius
Wenn du in Atlantis zum Zeitpunkt des Unterganges inkarniert warst, dann hast du die Ganzheit dieses Ereignisses aus deinem irdischen Körper heraus nicht wahrnehmen können! Den Untergang eines Kontinentes kannst du bestenfalls aus der Vogelperspektive voll erfassen. In einem physischen Körper siehst du lediglich die Geschehnisse deiner unmittelbaren Umgebung und das Ereignis, was zu deinem Ableben geführt hat.

Aus unserer Sicht ist es nicht zwingend notwendig, dass du das auflösen musst! Denn du hast im Laufe deines Inkarnationszykluses häufig den Tod erlitten, und manchmal kann ein langsames Sterben im Bett gefühlsintensiver sein als ein plötzlicher Tod durch einen umstürzenden Baum oder einen Erdrutsch. Seid gesegnet, seid in der Liebe, das war Konfuzius.

Frage: Wir hatten manchmal in der Vergangenheit den Eindruck, dass Amerika von den Meistern bevorzugt wurde. Wird jetzt diese Intensität nach Europa verlegt? Sollte Amerika eine Führungsrolle übernehmen und wurde das geändert? Wird sich eine Weltherrschaft etablieren? Und wie kann man das verhindern? Wie kann sich der Einzelne dieser Übermacht entziehen?

Kuthumi
Wir segnen euch, das ist Kuthumi.

Wenn wir den Eindruck erweckt haben, wir hätten bestimmte Gebiete eurer Erde besonders mit Durchsagen gesegnet, dann möchten wir uns dafür entschuldigen! Das war keineswegs unsere Absicht.

Wir haben Amerika nicht lieber als Asien oder Europa oder einen anderen Kontinent eurer Erde.

Wir betrachten die Erde als Ganzes. Und aus unserer Sicht gibt es überall auf eurem Erdball wunderbare Kanäle!

Und es gibt sehr gute Kanäle, die still und heimlich ihre Botschaften sammeln und diese aufbewahren und darauf warten, dass jemand kommt, der ihnen sagt, ob das, was sie da empfangen haben, die Wahrheit ist.

Wie ihr damit umgeht, überlassen wir euch! Wir sind auch nicht sauer, wenn ihr die Botschaften für euch behaltet. Und wir sind grundsätzlich bereit, mit allen Menschen auf der Erde zu sprechen.

Und jeder Mensch, der sich auf der Erde befindet, ist auf seine ganz spezielle Weise mit seiner persönlichen Quelle der Intuition verbunden!

Wir verteilen dabei keine Führungsansprüche!

Die Frage, ob sich eine Weltherrschaft etablieren wird, können wir euch so nicht beantworten. Diese Bemühungen hat es auch früher schon gegeben, nur ist das erfolgreiche Etablieren einer Weltmacht in der Dualität der dritten Dimension nicht möglich! Die Polarität ist einfach zu stark dafür!

Nun ist es so: Feinstoffliche Planeten sprechen mit „einer Stimme" – sie bewegen sich auf die Einheit zu und entwickeln sich auch auf politischem Gebiet. Solche „Sandkastenspiele" wie sie bei euch noch gespielt werden, dass die unterschiedlichen Parteien eher gegeneinander arbeiten und einen Vorschlag zerreißen, nur weil er nicht aus den eigenen Reihen kommt, so etwas ist im Paralleluniversum undenkbar. Der Sichtwinkel der dortigen Politiker ist anders ausgerichtet. Sie beschäftigen sich mehr mit den Fragen: Was ist das Beste für unseren Planeten? Wie können wir den Menschen unseres Planeten am besten dienen? Was würde das Leben aller erleichtern?

In welchen Schritten und in welchem Tempo sich eure Zeitebene da anpasst, das bestimmt im Wesentlichen ihr!

Nun zu der Frage, wie sich der Einzelne dieser Übermacht entziehen kann?

Ihr könnt euch dem entziehen wie Phönix aus der Asche!

Konzentriert euch auf eure eigene Stärke, auf euer Können, auf den inneren Wert, geht in die Kraft, verbindet euch mit eurem inneren Kämpfer, richtet euren Blickwinkel auf alternative Möglichkeiten – auch wenn es euch so scheint, als gäbe es diese nicht – es gibt sie immer!

Nur solange ihr in der Opfermentalität verharrt, werdet ihr sie ausblenden. Versorgt euch mit Informationen, die euch unterstützen in der Stabilisierung eurer Position der Macht. Bereitet euch innerlich auf dieses Gespräch vor! Ruft euch Erzengel Michael oder Meister El Morya an eure Seite!

Und dann tretet dieser „Übermacht" – wie immer sie sich repräsentieren mag – im Zustand eurer Christuspräsenz und Allmacht gegenüber und setzt mit klaren Argumenten Grenzen!

Wichtig ist, dass ihr bei eurer Argumentation nicht in die Opferrolle zurückfallt! Eure Präsenz und Eigenmacht – das Charisma, das von euch abstrahlt – wird über den Ausgang der Angelegenheit entscheiden. Und dieses Charisma bildet sich, wenn ihr wisst, dass ihr im Recht seid und dass die bisherige Handhabung zum Himmel stinkt und für euch nicht mehr akzeptabel ist!

Viele von euch glauben, dass der andere oder die anderen am „längeren Hebel" säßen, und da bestimmte Strukturen seit Jahrzehnten bestehen und die Energien in eine ganz bestimmte Richtung fließen, dass sie dann als einzelne Person keine Macht haben, daran irgend etwas zu verändern. Aber diese Annahme ist falsch! Jetzt ist die Zeit der Veränderung! Eure Macht ist so ungeheuerlich, dass ihr eigentlich Ehrfurcht vor euch selbst haben müsstet!

Jeder Mensch auf eurem Planeten wird an Situationen herangeführt, wo es darum geht, dass er lernt, für sich selbst und seine Sache aufrichtig und kraftvoll einzustehen. Ihr seid in den Meisterjahren!

Und dieser Part gehört zum Prüfungsprogramm!

Wenn bei euch das Maß des Erduldbaren voll ist, werdet ihr euch auf eure Göttlichkeit besinnen und die Gegebenheiten verändern!

Vielleicht denkt ihr, das kann nur gelingen, wenn viele mitmachen. Aber das ist nicht der Fall!

Jeder von euch hat die Macht, für sich selbst, für seine Sache, die gegebenen Strukturen zu verändern!

Eure Welt ist voll von „Ausnahmeregelungen", und die nehmen die Mutigen und Kraftvollen für sich in Anspruch!

Wenn ihr reinen Gewissens seid und den Mut in euch selbst findet, werdet ihr jede Situation nach euren Vorstellungen verändern können, auch wenn das der üblichen Regelung widerspricht. Vertraut darauf, dass es möglich ist!

Und wir verraten euch noch etwas: Wenn ihr es einmal erfolgreich getan habt, dann steht das sozusagen als Gewohnheitsrecht in eure Aura geschrieben. Ihr strahlt dann aus, dass ihr euch nicht gegen die Wand drücken lasst! Und spätere Verhandlungspartner werden es gar nicht mehr oder nur zögerlich versuchen. Seid gesegnet, das war Kuthumi.

Frage: Ihr habt gesagt, bevor man stirbt, öffnet sich das Dritte Auge. Könnte man das Dritte Auge durch Training schon während des Lebens öffnen, und was würde man dann sehen?

Konfuzius
Seid gesegnet, seid in der Liebe, das ist Konfuzius.

Es ist so, in dem Moment, wo sich das Dritte Auge öffnet, habt ihr Einblick nicht nur in diese materielle Welt, sondern auch in die feinstofflichen Bereiche. Ihr könntet Auren sehen, Geistwesen wahrnehmen, ihr könntet das Bewusstsein der Natur sehen und hättet somit eine zusätzliche Wahrnehmungsquelle. Ihr würdet aber auch manipulative Kräfte wahrnehmen und von daher ist es so etwas wie ein Schutzmechanismus, dass euer Drittes Auge bei den meisten verschlossen ist.

Durch Training könntet ihr erreichen, dass es sich sporadisch öffnet und ihr Auren sehen könntet.

Aber wenn das Dritte Auge geöffnet ist, werdet ihr nicht nur positive Dinge sehen.

Frage: Ich würde gern als Jenseitsmedium arbeiten. Könnt ihr dazu etwas sagen?

Konfuzius
Liebe ..., wir würden dir gern etwas dazu sagen: Du solltest dabei sehr, sehr achtsam mit der Energie in deinem Inneren umgehen! Das ist außerordentlich wichtig!

Wenn du diese Verstorbenen einlädst, um sich in dir auszudrücken, dann bringt das dein eigenes Energiesystem sehr durcheinander und könnte dich auch schädigen!

Deswegen gibt es bei dieser Arbeit gewisse Gesetze, die du in deinem eigenen Interesse beachten solltest: Du brauchst dazu einen Partner, der dich unterstützt und dein Energiefeld stark hält. Des weiteren möchten wir dir raten, dass du diese Energie nur in Form von Botschaften über dein Hohes Selbst empfängst und mit einem deiner Geschwister aus dem jenseitigen Bereich arbeitest, dessen Energie du ohne Schwierigkeiten verträgst. Es wäre dann so, dass nicht die verstorbene Persönlichkeit in dein Energiefeld kommt, sondern dass du immer dieselbe energetische Verbindung hältst, die dein feinstoffliches System auch verträgt! Die Auskünfte erreichen dich dann telephatisch, du empfängst sie in Form von Gedanken, Gefühlen und inneren Sätzen.

Das wäre die Möglichkeit, die für dich bei dieser Arbeit in Frage käme!

Lass dir Zeit bei deinem Vorhaben! Stabilisiere zuerst dich selbst, deine eigene Gesundheit, deine innere Balance und arbeite auf diesem Gebiet nur, wenn du kraftvoll und ausgeglichen bist! Das ist wichtig! Auch solltest du dich nach einer guten Ausbildung in diesem Bereich umsehen!

Fragen zu Religion und Kirche

Frage: Ich habe in verschiedenen Büchern gelesen – sogar in gechannelten, dass Gott richtet!
Nun wissen wir von euch, dass es kein Richten gibt. Was ist nun die Wahrheit?

Konfuzius
Jeder Kanal hat eine unterschiedliche Schwingung und klinkt sich auf der Empfangsebene ein, die er höchstmöglich erreichen kann. Und beim Empfangen von bestimmten Themen ist er wiederum unterschiedlich klar. Persönliche Überzeugungen können dabei mit durchschimmern und die Wahrheit verzerren.

Daher ist es wichtig, dass sich ein Kanal seine eigenen Problematiken, persönliche Ängste, innere Kämpfe, Zwangshandlungen und Zweifel angeschaut hat, sie bearbeitet und darüber hinauswächst.

Ist das der Fall, wird er sich mit Ebenen verbinden, die euch vermitteln, dass Gott gütig und liebevoll ist! Gott richtet nicht! Was wäre das für ein Gott, wenn er euch erst einen freien Willen gibt und euch danach verdonnert, wenn ihr ihn benutzt?

Wenn ein Kanal noch sehr von eigenen Dogmen gekennzeichnet ist, wenn er festgefahrene Vorstellungen religiöser Natur pflegt, dann kann es passieren, dass er Botschaften aus einer Ebene empfängt, die nicht sehr hochschwingend ist. Das vermischt sich dann mit anderen Durchsagen, die durchaus wahr sein können.

Ihr erkennt den Wert der Botschaften daran, dass sie liebevoll, aufbauend und für euch hilfreich sind!

Sind sie das, dann kommen sie aus einer hohen Ebene.

Wenn ihr dagegen Botschaften lest, die von Dogmen gekennzeichnet sind, die euch strikte Verhaltensanweisungen geben oder die euch angstvolle Visionen vermitteln, dann ist die Ebene entsprechend niedriger.

Ihr empfangt grundsätzlich alle! Kanal zu sein ist kein Privileg für einige wenige! Ihr alle könnt es und tut es auch! Nur die Stimmung in eurem Inneren kann die empfangenen Botschaften verzerren oder ganz ausblenden.

Wir können euch versichern, dass Gott nicht richtet!

Jeder von euch hat die Fähigkeit, selbständig beim Lesen zu erspüren, was sich richtig und wahr anfühlt, wo Liebe und Licht vorhanden ist, und an welchen Stellen Dogmen, Angst und Verwirrung durchschimmern!

Aber ihr solltet auch wissen, jeder Kanal bemüht sich, so klar wie nur irgend möglich zu sein! Es ist jedem ein Anliegen, gute Arbeit zu leisten! Jeder gibt sein Bestes! Verurteilt niemanden, weil da irgendwo ein Schnitzer ist, den ihr erkannt habt.

Es ist die Arbeit an euch selbst, an eurem Charakter, an den persönlichen Überzeugungen und Glaubenssätzen und die kontinuierliche Ausrichtung auf höchste Liebe und höchste Weisheit, die euch am meisten voranbringen.

Wenn ihr eure persönlichen Dramen beendet habt, werdet ihr immer, immer klarer!

Frage: Ich habe eine Frage zur heiligen Familie! Gott, Jesus, Jungfrau Maria und Joseph – haben sie eigentlich eine Sonderstellung in der geistigen Welt?

Konfuzius

Wir möchten als erstes eine Unterscheidung einbringen: Gott würden wir gern aus dieser Gruppierung ausgliedern, da ist noch ein gewaltiger Unterschied, den wir nicht personifizieren möchten.

Des weiteren hast du genannt: Jesus, Maria und Joseph – die können wir als Gruppe stehenlassen, wobei Jesus noch einmal eine Sonderstellung hat.

In der Akasha-Chronik der Erde und somit auch im Hologramm-Kino gibt es bestimmte Rollen, die besonders anspruchsvoll sind. Sie erfordern Seelen, die über das Alter der alten Seele hinausgewachsen sind und ihren Inkarnationszyklus beendet haben. Diese Rollen stehen im Hologramm-Kino nicht jedermann zur Auswahl offen!

Die Seelenkonstellation, die für diese Rollen in Frage kommt, hätte es nicht mehr nötig zu inkarnieren, sie geht aber noch einmal in einen Körper hinein, um diese spezielle Aufgabe zu erfüllen. Sie besteht aus mehr als einer Wesenheit!

Und damit hast du recht, dass diese Personen eine Sonderstellung innehaben!

Aber Jesus, Maria und Joseph sind nicht die Einzigen!

Solche Sonderrollen gibt es in allen Kulturkreisen auf allen Kontinenten eurer Erde. Immer wieder in bestimmten Zeitabschnitten und in verschiedenen Ländern werden diese weitentwickelten Seelen geboren, um euch zu helfen.

Frage: Und wie ist das mit Gott?

Konfuzius
Gott würden wir über alledem ansiedeln!

Frage: Mir hat neulich jemand erzählt, Jesus würde bald wieder inkarnieren. Ich fand das etwas merkwürdig. Kann das wahr sein?

Konfuzius
Bezieht sich diese Frage auf eure Zeitebene?

Antwort: Ja!

Konfuzius
In dem Falle lautet die Antwort: Nein!

Jesus war bereits in eurer Zeitebene vor 2000 Jahren, und er ist danach aufgestiegen! Und ein Aufgestiegener Meister kehrt nicht auf die Erde zurück. Wir entwickeln uns in Richtung Quelle – nicht rückwärts!

Es werden immer wieder neue Avatare geboren, die ein weites, großes Potential haben – aber sie gehen in dieser Seelenkonstellation nur einmal in die Physis.

Wenn ihr allerdings von der Akasha-Chronik und den Zeitebenen ausgeht, dann hat es schon viele gegeben, die als Jesus inkarniert haben – aber auf jeder Zeitebene nur einer. Und nicht jeder Jesus ist am Kreuz gestorben.

Die unterschiedlichen Interpretationen über sein Ableben haben Berechtigung, es sind Informationen aus anderen Zeitebenen.

Frage: Was bedeutet das Wort „Segnen"?

Konfuzius
Wenn wir sagen: „Sei gesegnet", dann hüllen wir dich ein in ein Licht von Liebe, von Vertrauen – in eine Energie des Friedens – das bedeutet es, jemanden zu segnen.

Es beinhaltet auch Achtung vor der Persönlichkeit, vor dem Wert einer jeden Seele und vor deinem freien Willen!

Frage: Ich gehöre seit 40 Jahren der Katholischen Kirche an. Klammere ich mich dabei zu fest an gewisse Traditionen und Verhaltensregeln? Ich lese sehr viel spirituelle Literatur und frage mich, ob ich eine endgültige Entscheidung treffen muss?

Konfuzius
Lieber ... du hast über sehr viele Inkarnationen dieser Kirche angehört und einerseits verdankst du dieser Gemeinschaft sehr viel, du erlebst Kontakt zu Menschen deiner Gemeinde, Kameradschaft und Gemeinsamkeit. Und das sind die Punkte, die für dich wertvoll sind.

Nun bist du in der Situation, dass du dich in deinem Inneren zu befreien beginnst und eigene Erfahrungen und Erkenntnisse auf dem Gebiet der Spiritualität zu machen. Und damit kommen neue Energien in dein Leben, die dich die Wahrheit erahnen lassen.

Es geht nicht darum, dass du dir etwas, was dir wertvoll ist, vom Hals schaffst!

Wenn dich die Kirche stärkt, wenn du über die Kirche deinen Glauben leben kannst, wenn sie dir etwas bietet, was dir wichtig ist, dann bleibe dabei! Nimm' es an!

Aber schaue bei dir, wo du alte Glaubenssätze und Verhaltensmuster hast, die mit Angst zu tun haben. Gott ist gütig und liebevoll!

Lasse dir diese Wahrheit nicht verbiegen!

Du solltest auch wissen, dass gerade in eurer Zeit sehr viele Menschen bei der Kirche arbeiten, die mit den besten Absichten auf die Erde gekommen sind. Sie gehen mit sehr viel Liebe, Enthusiasmus und Hilfsbereitschaft in ihrer Gemeindearbeit auf.

Es geht nicht darum, dass du zwischen Spiritualität und Kirche wählst, du kannst beides miteinander verbinden. Und wisse auch, dass du nicht der einzige Katholik bist, der spirituelle Bücher liest.

Es geht darum, dass du die positiven Aspekte beider Möglichkeiten siehst. Und wenn es da etwas gibt, was dir innerlich widerstrebt, was deiner persönlichen Wahrheit widerspricht, dann darfst du das auch ansprechen. Aber tue es achtsam, mit Bedacht, dann erzielst du die größte Wirkung!

Die Religionen machen insgesamt eine Entwicklung durch, wobei es um Toleranz, Annäherung und Öffnung geht, aber auch um den Erhalt liebgewonnener Traditionen!

Frage: Wenn es mir mal ganz schlecht geht, dann lese ich immer im Neuen Testament, und dabei spüre ich deutlich, wie meine Hoffnung und meine Kraft zurückkehren. Wie kannst du mir das erklären?

Konfuzius

Lieber ..., gerade das Neue Testament beschreibt sinngemäß eine Welt, die sich verändert, die im Aufbruch ist, wo Wachstum stattfindet. Jesus steht dabei stellvertretend für die Möglichkeiten, die in euch schlummern. Und das gibt dir Hoffnung und Stärke!

Die Bibel wurde sehr oft umgeschrieben, aber im Neuen Testament schimmern sehr viele Wahrheiten durch, die du, wenn du zwischen den Zeilen zu lesen verstehst, erkennst.

Das ist das, was dir Kraft gibt!

Und mit Jesus erlebst du eine Persönlichkeit, die fähig ist, sich zu verbinden. Das gibt dir Hoffnung, dass auch du persönlich einen Ausweg findest aus dem, was dich bedrückt! Das ist der Hintergrund!

Frage: Was bedeutet es, zu Gott zu beten?

Konfuzius
Es ist die Achtung, die Liebe zu allem, was ist! Fühlt dabei eure Empfindungen. Zu beten ist ein Gefühl von tiefem Respekt, ein Gefühl der Hingezogenheit, der Sehnsucht. Das beinhaltet die Achtung und Demut vor der Natur, vor der göttlichen Präsenz, die sich überall auf der Welt widerspiegelt.

In dem Sinne hat es Gott nicht nötig, angebetet zu werden! Aber ihr könnt Gott gerne mit Achtung und Demut vor der Schöpfung entgegentreten. Das bedeutet nicht, dass ihr euch dabei unterwerfen solltet und für irgend etwas schuldig fühlen. Ihr alle seid ebenso göttlich und ganz natürlich Teil dieser Schöpfung!

Frage: In der Kirche ist doch die Kanzel, von der der Pfarrer spricht, so erhoben. Ist das so, damit er die Menschen besser erreichen kann?

Konfuzius
In eurer Zeitebene gibt es sehr weit entwickelte Pfarrer, die über persönliche religiöse Erfahrungen verfügen und ihre Predigten mit sehr viel Liebe ausfüllen. Die Zuhörer können sich aus dem Gesagten tatsächlich etwas Bereicherndes herausholen, was ihnen Kraft, Glauben und Lebensfreude vermittelt.

Die erhöhte Position der Kanzel ist so gedacht, damit jeder den Pfarrer hören und sehen kann, auch ist er in diesem Moment, wo er auf der Kanzel steht, der Repräsentant von etwas Höherem, er vermittelt sozusagen zwischen Himmel und Erde.

Idealerweise würde der Pfarrer „in den Kanal gehen", sich mit seinem göttlichen Beistand verbinden und die empfangene Inspiration in Form einer Predigt aussprechen. Aber bei den meisten etablierten

Religionen würde er dann wohl Schwierigkeiten bekommen. Allerdings gibt es unter den Pfarrern einzelne sehr gute Schreibkanäle.

Frage: Du hast gesagt: Gott hätte es nicht nötig, angebetet zu werden! Aber genau das wird doch immer getan?!

Konfuzius
Das hat mit der Reife der Person und ihrem Seelenalter zu tun. Jüngere Seelenalter brauchen ein Vorbild – einen Götzen, den sie auf einen Sockel stellen und bewundern können. Das könnte eine Gestalt aus eurer Geschichte sein oder ein Filmstar, auf jeden Fall jemand, der etwas repräsentiert, was ihnen erstrebenswert erscheint. Sie orientieren sich sehr daran, was jemand erreicht hat und darstellt; wohingegen sie anderen Menschen, die ihnen gleichgestellt sind, oftmals mit Abwertung begegnen. Deren Wert erkennen sie nicht an, weil es da so einen unerreichten Krösus auf einem Podest gibt!

Frage: Werden die Menschen, die für die Kirche arbeiten, sozusagen im Himmel für dieses Amt ausgewählt? Wenn ja, wieso gibt es da solche Abwegigkeiten, dass Bomben gesegnet werden, dass in Klöstern Babygräber entdeckt werden oder warum gab es die Hexenverbrennung?

Konfuzius
In eurer dreidimensionalen Vergangenheit ging es um Vergeltung, Verschleierung, Schein, Macht und eine Vielzahl kollektiver Spiele. Ihr begeistert euch für das Vergessen, für Heimlichkeiten und die damit verbundenen Charaktere. Es gibt keinen anderen Spielrahmen, in dem ihr irgend etwas vor einem anderen verbergen könnt! Die Abwesenheit von Licht und Bewusstheit ermöglichen euch äußeren Schein! Und nicht jeder Mitspieler ist eine weitentwickelte Seele!

Je nach persönlicher Entwicklung wird sich eine Seele zu bestimmten Handlungen hinreißen lassen oder auch zögern. Erst die alte Seele kommt dahin, dass sie geradlinig und ohne Lügen und Verschleierungen durchs Leben geht!

In eurer Vergangenheit war es z.B. über einen längeren Zeitraum üblich, dass die Söhne einer Familie bestimmte Funktionen zu erfüllen hatten. Der älteste Sohn erbte das Geschäft des Vaters, der zweite Sohn war für eine Laufbahn bei der Kirche vorgesehen und der dritte wurde Soldat.

Damit glaubte man, für alle am günstigsten die Zukunft gesichert zu haben. Das Geschäft war in sicheren Händen. Den kirchlichen oder himmlischen Beistand erhoffte man sich vom zweiten Sohn, und der dritte durfte das Vaterland verteidigen und garantierte damit den Schutz des Besitzes!

Auf diese Weise war es über viele Jahrhunderte geregelt.

Wenn ihr also im Hologramm-Kino eine Rolle erwählt, so wussten doch wenigstens die Söhne ziemlich genau, was von ihnen erwartet wurde.

Und doch gab es dabei nicht eingeplante Verschiebungen!

Manchmal kam es vor, dass ein Sohn nicht das Erwachsenenalter erreichte, durch einen Unfall ums Leben kam oder an einer Krankheit starb, und damit veränderte sich die berufliche Reihenfolge. Der ursprünglich vorgesehene Priester durfte sich jetzt als Geschäftsmann erproben, der Soldat tauschte seinen Degen gegen den Rosenkranz und der vierte Sohn, der sich eigentlich frei geglaubt hatte, musste die militärische Laufbahn einschlagen!

So hat es in eurer Vergangenheit ausgesehen!

Nicht jeder, der einen kirchlichen Werdegang einschlug, tat dies aus innerer Überzeugung oder weil er sich dafür berufen fühlte oder ähnlichen edlen Gründen!

Aber wir möchten dabei keineswegs den Eindruck erwecken, dass durch Vermeidung von Fehlbesetzungen eure Vergangenheit anders gelaufen wäre! Es ist vorgesehen, dass ihr gegen euer eigenes Inneres handelt! Es ist vorgesehen, dass ihr lügt, Fehler macht, dunkle Geheimnisse verschleiert!

Und wenn eure Seele reif genug ist, wird sie den inneren Druck spüren, der mit solchen Verschleierungsaktionen einhergeht, und sie wird danach streben, ehrlich und geradlinig durchs Leben zu gehen! Das garantieren wir euch! Aber dieses innere Signal, dieser Druck, den sie spürt, der wäre nicht da, wenn sie nicht in ihrem Inkarnationszyklus diese dunklen Erfahrungen gemacht hätte!

Nun seid ihr in eurer Zeitebene und Entwicklung schon sehr weit vorangeschritten, und diejenigen, die heute für die Kirche arbeiten, haben zu einem großen Prozentsatz edle Motive. Sie möchten den Menschen helfen und Not lindern. Und daher gibt es in eurer Zeitebene eine wachsende Anzahl Kirchenmitarbeiter, die aus ihrem Herzen heraus dieses Amt erfüllen.

Seid gesegnet, seid im Frieden und der Liebe, das war Konfuzius.

Frage: Warum bekämpfen sich die Religionen gegenseitig? Gibt es irgendwann einmal eine für alle gültige Religion?

Kuthumi
Wir segnen euch, das ist Kuthumi.

Eure Religionen beschäftigen sich mit eigenen Überzeugungen und Vorstellungen darüber, auf welche Weise euch der Schöpferweg in dieses Duale Universum gebracht hat, es gibt darin Theorien für das Zustandekommen eures derzeitigen Aufenthaltsortes – der Erde, und damit verbundene Vorstellungen über eine ethische Verhaltensweise, die euch letztendlich zu Gott zurückbringt.

Es gibt unzählige religiöse Richtungen, die zum Teil große Ähnlichkeiten aufweisen. Die Hauptreligionen verfügen über große Anhängerscharen, aus denen sich Untergruppierungen absplitterten, die Teile der Originalreligion für sich veränderten.

Nun war es in der Vergangenheit so, dass jede Glaubensrichtung für sich annahm, dass nur sie allein die absolute Wahrheit lehrte und alle anderen im Dunkeln tappten!

Sie versuchten, ihre Überzeugungen, die sie selbst für wertvoll hielten, anderen Menschen nahe zu bringen, und wenn diese nicht bereit waren, ihnen zu zuhören, versuchten sie es auf gewaltsame Weise. Die ursprüngliche Absicht war keineswegs bösartig, sie waren im Gegenteil davon überzeugt, dass ihre selbstgewählte Wahrheit für andere eine Bereicherung bedeuten müsse, da sie sie ja aus ihrem „Heidentum" herausholte. Manche dieser Heiden waren ganz offensichtlich begriffsstutzig und vermochten den Wert des ihnen Nahegebrachten nicht zu ermessen!

Sprüche wie: „Ich bin das Licht. Ich bin der Weg. Ihr kommt zum Herrn nur durch mich!" sind Fälschungen, die nur geprägt wurden, um Andersgläubigen „legal" etwas aufzuzwingen.

Dadurch kam es zu den sogenannten Glaubenskriegen, die unter dem Deckmantel der Religion stattfanden, wobei die ursprüngliche Absicht, andere Menschen zu missionieren, bald an zweite Stelle rückte, es ging in diesen Kriegen schlicht und einfach um Zugewinn durch Plünderung, Eroberung von Land und Versklavung von Bewohnern. Die Religion wurde dabei zur Farce, die zur Legitimirung des Ganzen herhalten musste. Der Zugewinn von Reichtum und Einfluss stand dabei mehr und mehr im Vordergrund.

Was nun den zweiten Teil eurer Frage betrifft, ob es irgendwann einmal eine gemeinsame Religion geben wird, so möchten wir euch Folgendes sagen:

Einerseits wird sich euer Glauben verändern aufgrund der wachsenden Bewusstheit und der damit verbundenen natürlichen Religiosität und Spiritualität in Form von persönlichen Erfahrungen.

Ihr werdet Einblick erhalten in energetische Gebiete, die die meisten von euch im Moment nur unbewusst erahnen. Damit verbunden ist eine Lockerung und Tolerierung, ein gegenseitiger Respekt vor der Erfahrung anderer, der aber wiederum nichts mit Unterwerfung zu tun hat, sondern eher eine Ausrichtung auf Gemeinsamkeiten ist. Euer Augenmerk geht dann mehr in Richtung dessen, was euch verbindet und was ihr gemeinsam teilt. Damit geht auch einher, dass ihr aufhört, anderen Menschen durch Missionierung euren Glauben aufzudrängen. Seid gesegnet, das war Kuthumi.

Die Wichtigkeit der Konzentration in der Meditation und im Gebet

Konfuzius
Seid gesegnet, seid in der Liebe, das ist Konfuzius.

Wenn ihr euch versenkt in die Zwiesprache mit Gott, mit eurem Hohen Selbst, geistigen Geschwistern oder anderen Ebenen, dann achtet dabei auf eure innere Konzentration!

Geht in die volle Achtsamkeit dieser Tätigkeit und legt euer Anliegen Wort für Wort dar!

Auch wenn ihr euch entspannt und euren Körper mit Energien flutet, dann achtet darauf, dass ihr tatsächlich mit eurer Konzentration bei diesem Körperteil seid und nicht gedanklich abschweift.

Das Gleiche gilt fürs Gebet! Geht mit eurer gesamten Aufmerksamkeit zu den Sätzen, die ihr sprecht, und spürt hinter diesen Sätzen die Kraft und Wirkung!

Eine wirklich konzentrierte Vorgehensweise erhöht eure innere Klarheit.

Es nutzt wenig, wenn ihr immer wieder dasselbe Gebet oder die gleiche Meditation herunterkurbelt wie eine lästige Pflichterfüllung, die ihr eben mal gerade erledigt, damit ihr auch das abhaken könnt.

So ist das nicht gedacht!

Wenn ihr betet, dann werdet durch eure Aufmerksamkeit selbst zum Gebet!

Wenn ihr meditiert, dann seid so konzentriert, dass ihr vollkommen den Raum um euch vergesst!

Es kommt dabei nicht auf die Länge eurer Meditation an, sondern dass ihr mit den Gedanken dabei seid. Wenn ihr drei Minuten in voller Konzentration meditiert, dann ist das wirkungsvoller, als wenn ihr euch eine Stunde hinsetzt und mit den Gedanken ganz woanders seid und anschließend vor Langeweile einschlaft.

Auch beim Gebet geht es mehr um die Wirkkraft hinter den Worten und nicht darum, dass ihr diese Sätze im Schlaf aufsagen könnt!

Bitte beachtet das!

Mögliche Hintergründe von Krankheiten

Panikattacken

Konfuzius

Ihr alle erlebt in eurem Leben Situationen, Geschehnisse, wo etwas Dramatisches abläuft. Das können Unfälle sein, Brände oder ähnliche Katastrophen. Jeder von euch war schon einmal Zuschauer, Helfer oder Beteiligter an solch einem Geschehen.

Nun sind solche Unfälle eng verbunden mit Bildern, Geräuschen und Gerüchen, die sich euch oft unbewusst einprägen.

Ihr könntet euch erinnern an den Geruch eines brennenden Holzhauses, an den Ton der Sirene eines Krankenwagens, welches Geräusch ein Rettungshubschrauber beim Landen oder Starten macht, oder an Bilder, wo Verletzte medizinisch versorgt werden.

Unter normalen Umständen wird eure Seele danach trachten, das Erlebnis nachts im Traum zu bearbeiten, so dass ihr es loslassen könnt und für euch keinerlei Belastung daraus entsteht.

Es ist einfach etwas, was geschehen ist, und was ihr so stehenlassen könnt! Punkt! Aus!

Um Panikattacken zu entwickeln, kommen zwei weitere Punkte hinzu:
1. Ihr müsst euch in einer geschwächten Position befinden!
2. Ihr müsst eure Phantasie dafür einsetzen, um in euch Bilder von persönlicher Bedrohung zu erschaffen!

Was bedeutet nun, in einer geschwächten Situation zu sein:

Das bedeutet, dass euch eure Eigenmacht, eure Selbstliebe und euer Selbstvertrauen abhanden gekommen sind. Das erreicht ihr, indem ihr Teile von euch abwertet und nicht liebt, indem ihr Personen eures Umfeldes gestattet, euch wie einen minderwertigen, nichtsnutzigen Menschen zu behandeln, und indem ihr glaubt, ihr habt diese Behandlung verdient, weil ihr nicht liebenswert seid.

Damit schwächt ihr euer Selbstvertrauen und eure Eigenliebe!
Nun zu Punkt 2:
Ihr werdet in eurem Alltag Geräusche, Gerüche oder auch Bilder empfangen, die euch an einen erlebten Unfall erinnern. Das kann ein vorbeifliegender Rettungshubschrauber sein oder die Sirene eines Krankenwagens.

Seid ihr nun in eurer Eigenmacht und Selbstliebe, werdet ihr diese Dinge auch wahrnehmen, und ihr denkt vielleicht: „Oh, da muss irgendwas passiert sein!" Punkt! Aus! Ende des Kommentars!

Ist euer Selbstvertrauen angeschlagen, reagiert ihr oft viel massiver:

Ihr könntet in dieses Geräusch Bilder hinein interpretieren, die daraus eine persönliche Bedrohung oder Gefahren für einen Menschen, der euch nahesteht, ableiten. Ihr könntet euch vorstellen, dass die Schule brennt, in die euer Kind geht. Ihr könntet euch vorstellen, dass euer Ehepartner in einen Unfall verwickelt wurde oder dergleichen mehr!

Habt ihr diese Bilder mehrere Male in euch erschaffen, wird euer Unterbewusstsein anspringen und euch die entsprechenden Gefühle dazu liefern. Euer Herz beginnt zu rasen, die Knie zittern und ihr bekommt Schweißausbrüche!

So könnt ihr in euch Panikattacken erzeugen!

Vor 100 / 200 Jahren war es üblich, dass die Damen der besseren Gesellschaft bei Aufregungen oder „Stilbrüchen" in Ohnmacht fielen, es gehörte sozusagen zum guten Ton. Einerseits wurde die Ohnmacht begünstigt durch die damalige Mode. Das Korsett verhalf den Damen zu einer flachen unnatürlichen Atmung, aber das reichte nicht aus, um ohnmächtig zu werden! Ohnmächtig zu werden war absolut „in", es zeugte von edlem Sein!

Die Damen spielten also die ersten drei Ohnmachten und ließen sich theatralisch umsinken, befächeln und nach kurzer Zeit wieder „ins Leben" zurückholen.

Das Unterbewusstsein registrierte diese gespielte Handlung, und es wird sich gefragt haben:

„Nanu, warum fallen wir denn um und spielen hilflos? Das muss ein neues Spiel sein! Ich finde es riesig und werde meinen Menschen tatkräftig unterstützen!"

Die nächste gespielte Ohnmacht war schon professioneller! Und bei der dritten oder vierten Ohnmacht werden sich die Damen sehr gewundert haben, denn sie wurden tatsächlich ohnmächtig!

Euer Unterbewusstsein ist so konzipiert, dass es alle eure bestellten Vorstellungen unterstützt, ohne sie zu bewerten! Aber eure Gedanken wählen aus, in welche Richtung eure Bestellungen gehen!

Die Vögel in den Bäumen wissen, dass der Wind einmal stärker und einmal schwächer bläst. Sie wissen, wo sie hinfliegen müssen, um sich vor den Unbilden der Natur zu schützen. Und sie spüren instinktiv, dass auf jeden Regen irgendwann Sonnenschein folgt, der ihr Gefieder wieder trocknet.

Hätten die Menschen das gleiche Urvertrauen in die Natur der Dinge, könnten sie mit vorbeifahrenden Krankenwagen leichter umgehen, weil sie dann wüssten, dass sich gerade jemand Erfahrungen kreiert hat, um persönlich daran zu wachsen!

Prägungen und Muster

Frage: In der Psychologie ist es üblich, bei Problemen nach der Ursache zu forschen, um Verhaltensmuster, die früher geprägt wurden, zu erkennen.

Ihr habt gesagt: Für die Lösung von Problemen sei es nicht dienlich, im Schlamm zu wühlen!

Viele Menschen sind aber überzeugt, dass es genau das ist, was die Sache auflöst! Könnt ihr eure Einstellung erklären?

Konfuzius
Viele eurer Therapieformen arbeiten damit, Probleme rückzuanalysieren, um herauszufinden, durch welche Prägungen der Kindheit die Ursache gelegt wurde.

Das ist in einem bestimmten Entwicklungsstadium ein wertvoller Schritt, weil ihr dabei die Prägungen eurer Psyche, eurer Seele deutlich aus dem Bauch heraus erkennt. Es hilft euch, wieder mit euren verdrängten Gefühlen in Kontakt zu kommen. Und dieser Schritt ist zu diesem Zeitpunkt wertvoll!

Jedoch solltet ihr es vermeiden, in diesem Stadium hängen zu bleiben! Es hilft euch wenig und ist auch nicht sinnvoll, wenn ihr es wieder- und wiederbelebt!

Entwicklung ist niemals statisch! Sie ist nicht an einem bestimmten Punkt vollendet und vorbei!

Lasst es uns an einem Beispiel erklären:

Angenommen, da gibt es eine Person, die nicht fähig ist, sich verbal zu verteidigen. Sie erlebt von anderen verbale Angriffe und Kritik, sie fühlt sich dabei minderwertig und ohnmächtig, und all diesen angestauten Ärger frisst sie in sich hinein. Sie geht zur Therapie und erlebt dort, woher ihr Verhaltensmuster kommt – es wurde in der Kindheit durch einen strengen Vater geprägt. Des weiteren arbeitet sie an ihrem Selbstwertgefühl und an den Situationen, mit denen sie jetzt konfrontiert ist.

Zu diesem Zeitpunkt kommt wieder eine Person, die sie auf der Arbeitsstelle kritisiert, und diesmal ist das Maß ihrer Belastbarkeit voll, sie explodiert und die andere bekommt ihre ganze verbale Wut ab, all den Ärger, den sie über Jahre in sich hineingefressen hat.

In diesem Moment, wo sie sich das erste Mal selbständig verteidigt, ist es für die Persönlichkeit ein sehr, sehr wertvoller Entwicklungsschritt, weil sie ihr altes Muster des Hineinfressens diesmal überwunden hat!

Aber das ist nicht das Ende ihrer Persönlichkeitsentfaltung!

Da sie nun die Erfahrung gemacht hat, dass sie ein wertvoller Mensch ist und durchaus fähig, sich zu verteidigen, so wird sie doch die Art und Weise in einem späteren Entwicklungsschritt verändern und sich mit Besonnenheit und innerer Ruhe zur Wehr setzen!

Und auch das ist nicht das Ende der Fahnenstange! Weitere Schritte warten auf sie:

Sie ist jetzt ein anderer Mensch, als sie es noch vor dieser Therapie war! Und irgendwann wird die Frage auftauchen, ob ihr altes Umfeld (Beruf und familiäre Situation) noch passend sind? Sie wird danach bestrebt sein, aus ihrem Leben etwas zu machen, was ihr wirklich Freude bereitet! Und jetzt ist sie bereit für ihre Schöpfermacht! Sie hat den Wunsch, die Zügel selbst in die Hand zu nehmen, und lernt dabei die Macht kennen, die hinter ihren Gedanken steht. Sie wird bewusst ihre Gefühle beeinflussen, und Schritt für Schritt lernt sie voran zu gehen und öffnet dabei ihr Bewusstsein mehr und mehr!

Soviel zum Beispiel! Kehren wir zum Thema zurück:

Am Anfang sucht ihr die Prägungen der Vergangenheit auf, indem ihr euch bewusst in vergangene Situationen begebt und euch diese noch einmal anschaut. Ihr werdet an den Situationen retouchieren und darauf hinarbeiten, euch trotzdem in Liebe anzunehmen.

Was allerdings parallel dazu wiederbelebt wird, ist die Energie des Leides und das Unverständnis, warum ihr euch dieses Leben gewählt habt.

Wenn ihr eure Gefühle und die Vergangenheit verdrängt habt, ist die Bearbeitung wichtig!

Euer Verstand erlebt dabei einen Aha-Effekt, weil ihr jetzt wisst, wo eure Opferhaltung herrührt.

Auch das ist positiv!

Aber viele bilden sich ein, wenn sie nur lange genug im Elend wühlen, wenn sie all ihre Prägungen untersucht und bearbeitet haben, dass sie dann am Ende ihres „Gewühles" einen Goldklumpen finden. Und das ist ein Irrtum!

Ihr könnt, wenn ihr es möchtet, bis zum Sankt-Nimmerleinstag im Schlamm wühlen! Ihr könnt es euch zehn- oder hundertmal anschauen, wie das damals gewesen ist. Und wenn ihr in eurem derzeitigen Leben kein Unheil mehr findet, könnte euch das animieren, euch auch noch alle schlimmen Dinge aus vergangenen Inkarnationen anzuschauen, auch da werdet ihr einen unerschöpflichen Fundus an schmerzhaften Erfahrungen finden. Schließlich hat eure Vergangenheit in einem Universum der Dualität stattgefunden! Nur der Goldklumpen fehlt immer noch!

Ihr könnt euch mit Inbrunst wieder und wieder in den Schlamm werfen und euer erlittenes Elend beweinen, aber bei schlimmen Erlebnissen reicht es aus, wenn ihr es einmal nacherlebt, es ist nicht notwendig, daraus eine Serie zu machen.

Wühlen könnt ihr bis in alle Ewigkeit, aber ihr werdet erst dann weiterkommen, wenn ihr dieses Wühlen bewusst aufgebt! Wenn ihr bereit seid, euch in der Gegenwart, im Jetzt, so anzunehmen, wie ihr seid, mit all euren Mängeln und Fehlern!

In dem Moment, wo ihr bereit seid, das Kriegsbeil einzupacken und den inneren Kampf zu den Akten zu legen, hat der Goldklumpen eine Chance, ans Licht zu kommen!

Er ist immer da und war immer da, aber ihr könntet euch einbilden, dass er schwer zu erarbeiten ist. Und das ist nicht so!

In dem Moment, wo ihr euch so liebt, wie ihr seid, fallen alle Lügen und Verschleierungsaktionen von euch ab, ihr werdet aufhören, ein Doppelleben zu führen und Dinge zu tun oder zu sagen, die ihr nicht wirklich meint!

Beginnt euch selbst wert zu schätzen und besteigt endlich den Thron, der zu eurer eigenen Krönung bereitsteht!

Irgendwann auf eurem Entwicklungsweg wartet dieser Thron auf euch, und wenn ihr darauf Platz nehmt, solltet ihr den Schlamm der Vergangenheit abgewaschen haben!

Frage: Gibt es eine Richtlinie, woran man erkennt, dass man aufhören kann, in der Vergangenheit zu suchen?

Konfuzius
Ihr spürt das sehr deutlich, wenn ihr in bestimmten Situationen aus dem inneren Gleichgewicht geratet und euch ein Zustand der Hilflosigkeit überrollt.

Das geschieht dann, wenn ihr mit eurer Vergangenheit oder eurem eigenen Elternhaus nicht ausgesöhnt seid, so dass ihr unbewusst alte Rollen und Muster in eurem Leben fortsetzt.

Dann ist es sinnvoll, in die Vergangenheit zu gehen und die Kindheit zu betrachten. Aber am Ende der Analyse sollte immer die Aussöhnung mit dem eigenen Elternhaus stehen! Manche Menschen kommen automatisch dorthin. Auch eure Psyche verfügt über so etwas wie ein Selbstheilungsprogramm!

Wenn ihr eure Eltern so unvollkommen, wie sie waren, annehmen könnt und aufhört, sie zu verurteilen und für euer misslungenes Leben verantwortlich zu machen, dann werdet ihr frei sein!

Auch Eltern sind nur Menschen, und sie versuchen, oft ihrer eigenen Prägungen unbewusst, das Beste für ihre Kinder zu tun!

Wenn ihr euch mit ihnen aussöhnt, wird das Rad der Vergeltung gestoppt und ihr seid frei!

Frage: Du sagst, die Aussöhnung mit dem Elternhaus sei wichtig. Aber es gibt Elternteile, bei denen das gar nicht so einfach ist! Ich denke da z.B. an meinen Vater, er war sehr jähzornig und zuweilen unberechenbar. Ich glaube, das hat mir in der Kindheit sehr zu schaffen gemacht. Aber eigentlich bin ich sicher, dass ich das überwunden habe. Aber ich frage mich, wofür war es gut? War ich in einem früheren Leben genauso und habe mir deshalb diesen Vater gewählt?

Konfuzius

Das wäre eine Möglichkeit! Aber es gibt noch eine unmittelbare Lernerfahrung, die sehr deine feinstofflichen Antennen trainiert hat! Und das ist der wichtigere Grund!

Kannst du dich erinnern, dass du schon von großer Entfernung die Gemütsverfassung deines Vaters gelesen hast? Du hast an der Art und Weise, wie er die Haustür öffnete, und an seinen Schritten erkannt, welche Laune er hatte. Du hast dabei sehr bewusst dein feinstoffliches System ausgefahren und dich trainiert, deine inneren Antennen zu benutzen!

Antwort: Das stimmt! Aber bewusst habe ich es eigentlich nicht getan. Es war mehr aus einer Notlage heraus, weil es für mich wichtig war zu erkennen, wie er heute drauf ist!

Konfuzius
Aus unserer Sicht hast du es sehr bewusst getan! Ist dir eigentlich klar, dass du damit deine Medialität trainiert hast?

Antwort: Nein! So habe ich das noch nie gesehen! Aber warum musste es mit so viel Angst geschehen?

Konfuzius
Die Angst hat dich dazu getrieben, es zu tun! Sonst hätte keine Notwendigkeit bestanden, es auszuprobieren! Glaubst du, dass du diese Antennen auch entwickelt hättest, wenn diese Person, die dein Vater war, nicht in eurer Familie gewesen wäre?

Antwort: Wahrscheinlich nicht! Ich habe nur durch ihn Veranlassung gehabt zu prüfen, in welcher Stimmung er ist!

Konfuzius
Seid gesegnet, seid in der Liebe, das war Konfuzius.

Koma und Alzheimer

Frage: Was haben Menschen, die im Koma liegen oder Alzheimerkranke für eine Wahrnehmung?

Kuthumi
Seid gesegnet, seid in der Liebe, das ist Kuthumi.
    Menschen, die im Koma liegen, haben zumeist auf körperlichem Gebiet oder innerhalb ihres Nervensystems eine sehr starke Schädigung, welche häufig, aber nicht in allen Fällen, durch einen Unfall verursacht wurde. Der Hintergrund dabei ist, dass ein solcher Mensch mit seiner Lebenssituation nicht zufrieden war und in massiver Weise in einer Opfer- oder Kämpferhaltung verharrte, aus der er nicht herausfand. In solchen Situationen kann es zu Unfällen kommen, die dann im Koma enden. Oder auch zu Stoffwechselstörungen, die das

Nervensystem kollabieren lassen und die sogenannte „Lebenssohnmacht" auf die Körperebene bringen und schließlich im Koma ausdrücken.

Ein Mensch, der im Koma liegt, befindet sich in einem Zwischenstadium zwischen Leben und Sterben. Er ist mit seinem Bewusstsein sehr stark im jenseitigen Bereich verhaftet, aber kann sich nicht ganz vom Körper lösen, zum Teil durch die Energie von Menschen, die ihm nahestehen, aber auch durch Maschinen, die ihn am Leben erhalten.

Dieser Mensch wird im jenseitigen Bereich über seine Situation nachdenken, er besucht dort Schulungen und wird unterstützt bei seiner Entscheidungsfindung. Er verfügt über einen freien Willen, in welche Richtung er sich bewegen möchte! Es steht die Möglichkeit offen, auf die Erde zurückzukehren, aber er kann sich auch ganz von seinem Körper lösen.

Was nun die zweite Gruppe betrifft, jene Menschen, die sich gewählt haben, unter der Krankheit Alzheimer zu leiden, sie haben wieder andere Hintergründe.

Ein Alzheimerkranker ist vom Bewusstsein her verrutscht, so möchten wir es bezeichnen!

Ein Teil von ihm befindet sich oft geistig in anderen Inkarnationen und den entsprechenden Zeitebenen oder auch im jenseitigen Bereich. Diese Menschen sind physisch bei euch verhaftet, aber mit dem Geist gehen sie auf Wanderschaft und tummeln sich in anderen Ebenen. Irgendwann ist ein Teil von ihnen so stark verrutscht, dass sie nicht mehr fähig sind, in ihrer körperlichen Realitätsebene normal zu funktionieren.

Der Anlass dabei ist, dass in eurer Gesellschaft alte Menschen keine Aufgabe haben und ihr Leben als sinnlos erfahren. Sie flüchten sich gedanklich in vergangene Zeiten, in denen sie glücklich waren, und erleben diese immer wieder nach. Irgendwann kommt dann der Punkt, wo das Interesse an der Gegenwart immer mehr schwindet und der Geist sich eine andere Zeit sucht oder unbewusst im eigenen Inkarnationszyklus spazieren geht. Der Kranke verliert die Verankerung in der Physis und wandert durch Zeiten, Körper und fremde Sprachen. Der in der Materie verhaftete physische Körper erinnert nur Fetzen. Oftmals ist es so, dass Alzheimerkranke, die in der Gruppe betreut werden, untereinander ein Kommunikationssystem entwickeln, welches nicht der Sprache bedarf. Sie verständigen sich geistig.

Frage: Warum sind in Deutschland Schilddrüsenprobleme so verbreitet?

Kuthumi
Die Hintergründe könnten wir dir sinngemäß so erklären: Jedes Kollektiv, was abgesteckt ist mit Ländergrenzen, hat ein in sich geschlossenes kollektives Bewusstsein, welches aber auch mit anderen in Verbindung steht, und die Essenz, die in einem bestimmten Volk als Mentalität vorhanden ist, verrät wiederum etwas über dort verbreitete Glaubenssätze und Lebensgewohnheiten, so dass eine Gruppe anfällig wird für bestimmte Symptome, die wiederum ihre Eigenarten repräsentiert.

Nun kommen wir zur Schilddrüse:

Die Schilddrüse ist verbunden mit dem Kehlkopf-Chakra, welches die Aufgabe einer Sende- und Empfangsstation hat. Auf nonverbaler Ebene sendet ihr über das Kehlkopf-Chakra eure persönliche Meinung in den Raum und empfängt von anderen deren Meinung.

Ist nun ein Volk besonders anfällig für Schilddrüsenprobleme, so könnte man daraus schließen, dass das zu tun hat mit der Zurückhaltung der eigenen Meinung, mit Unterwürfigkeit, mit Obrigkeitshörigkeit oder, auf eure Zeit bezogen, mit Abwarten, was der Chef sagt, und der Bereitschaft, dem beizupflichten! Ebensogut gibt es auch die gegenteilige Tendenz: Anbiederei und Gefallsucht – das Aufbauschen, Überargumentieren und Betreiben von Wortklauberei – die den ursprünglichen Sinn zur Nebensächlichkeit werden lässt.

Diese Tendenzen sind in manchen Ländern stärker vertreten als in anderen.

In der deutschen Vergangenheit war dieses Problem noch in einem stärkeren Maße vorhanden als jetzt. Mittlerweile gibt es sehr viele Menschen, die eine eigene Meinung haben und auch bereit sind, diese auszusprechen sowie anderen zuzuhören. Seid gesegnet, das war Kuthumi.

Vertraue deinen Gefühlen!

Die Ebenen des Verstandes

Kuthumi
Seid in der Liebe, das ist Kuthumi.

Ihr alle werdet mit Informationen überschwemmt von den Medien, ihr hört die Meinung anderer Leute und kommt letztendlich dazu, eure eigene Einstellung zu finden.

Das ist ein Prozess, der mehrere Schichten hat!

Eine Information wird an euch herangetragen, dabei empfangt ihr gleichzeitig eine emotionale Botschaft des Werbeträgers. Die Botschaft könnte lauten: Das ist das absolute Non plus Ultra! Du musst es unbedingt haben! Dein Leben wird sich dadurch verbessern! Oder auch: Falle bloß nicht auf diesen Schwachsinn rein! Mache einen Bogen darum!

Was dabei geschieht, ist Folgendes: Eure Neugier wird geweckt – entweder in positiver oder in negativer Absicht!

Vielleicht möchte ein Teil von euch, der neugierig ist, wissen, was tatsächlich dahinter steckt?

Ihr werdet also dadurch animiert, euch diesen Gegenstand anzuschaffen.

Nehmen wir an, es handelt sich um ein Buch. Ihr kauft euch also dieses Buch und beginnt es zu lesen.

Der Informant könnte euch begeistert über dieses Buch unterrichtet haben. Ihr lest also und ein Teil von euch ist mächtig gespannt, weil ihr ja wisst: dieses Buch ist eine Sensation!

Euer Mentalkörper und euer Emotionalkörper lesen dabei mit. Der Verstand hat die Brille auf: „Einfach Klasse!"

Eure feinstofflichen Körper bleiben von der Brille unbeeinflusst, sie haben ihre eigene Wertabgleichung. Euer Mentalkörper sucht nach Übereinstimmung mit universellen Wahrheiten!

Euer Gefühlskörper liest zwischen den Zeilen und prüft, welches Gefühl kommt rüber?

Nun kommt es sehr darauf an, ob euer Verstand mit den inneren Antennen verbunden ist. Ist er verbunden, wird er die Botschaften, die aus seinem feinstofflichen System aufsteigen, als seine persönliche Wahrheit erkennen! Und in einem gereifteren Stadium den Mut haben, sie als seine persönliche Meinung nach außen zu vertreten.

Ist er nicht verbunden, wird er sich bemühen, die „Einfach-Klasse-Brille", die ja die Meinung einer anderen Person ist, aufzubehalten. Der Verstand ist in diesem Moment bereit, sich unterzuordnen, um Konflikte mit dem Umfeld zu vermeiden! Er übernimmt also die vorgegebene Meinung, die nicht unbedingt mit seiner inneren Wertabgleichung übereinstimmen muss!

Auch das ist ein Entwicklungsschritt, der in jedem von euch abläuft!

Frage: Bedeutet das, dass wir dem, was wir selbst als wahr empfinden, mehr vertrauen sollten?

Kuthumi
Unbedingt! Vertraut dem, was ihr persönlich fühlt! Das bringt euch am weitesten!

Angenommen, ihr lernt eine Partnerin oder einen Partner kennen und euer Gefühl signalisiert euch:

„Das ist nicht stimmig! Lass die Finger davon!"

Andere sagen euch, dass ihr gut mit der Person zusammenpasst. Und ihr denkt vielleicht: „Es gibt an ihr / ihm nichts auszusetzen! Möglicherweise irrt sich mein Gefühl? Ich werde es ausprobieren!"

Ihr lasst euch also auf diese Partnerschaft ein und nach Monaten spürt ihr, dass sich nichts geändert hat, ihr seid oft aggressiv oder traurig und erkennt letztendlich: Wir passen doch nicht zusammen! Euer Gefühl hat das von Anfang an gewusst, aber ihr habt geglaubt, es könnte sich irren!

Dasselbe gilt für unterschiedliche Aussagen in Büchern!

Fühlt in euch hinein, ob eine Botschaft rund ist!

Ihr kommt am weitesten, wenn ihr das glaubt, was sich in eurem Inneren wahr anfühlt. Lasst die anderen Dinge erst einmal als Informationsangebot stehen. Es geht nicht darum eine schnelle Entscheidung zu treffen – die Wahrheit wächst in eurem Inneren, von innen nach außen! Zwingt euch nicht, etwas zu glauben, was andere für richtig halten!

Frage: Warum sollten ausgerechnet meine Gefühle wissen, was richtig für mich ist?

Kuthumi
Ihr seid mediale Wesen! Das bedeutet, ihr seid fähig, euch mit hohen geistigen Ebenen zu verbinden, mit eurem Hohen Selbst, geistigen Geschwistern, geistigen Führern. Ihr plant euer irdisches Leben vor auf der Traumebene. Und es gibt einen geradlinigen Lebensplan oder auch die Möglichkeit, ein paar Umwege einzubauen, in denen ihr bestimmte Erfahrungen wiederholt, so lange bis ihr die Botschaft verstanden habt.

Eure Gefühle sind die erste Instanz, die fähig ist, den Seelenplan zu lesen! Ihr fühlt, was in euer Leben hineinpasst und was nicht! Ihr trefft also eine Auswahl! Und wenn ihr mit euren Gefühlen ausgesöhnt und verbunden seid, wird es eine kluge Wahl sein, die euch weiter bringt!

Frage: Was sollte man tun, um mit seinen Gefühlen ausgesöhnt zu sein?

Kuthumi
Liebt euch selbst! Das tut ihr, indem ihr aufhört, euch zu kritisieren und abzuwerten, indem ihr aufhört, euch unter Leistungsdruck zu setzen. Nehmt euch so an, wie ihr seid! Liebt euch dafür, dass ihr so seid, wie ihr seid! Dann zieht Ruhe und Entspannung in euer Inneres ein und eure Selbstsicherheit wird gestärkt. Wenn eure Gefühle sich angenommen fühlen, dann gewinnt ihr an Größe und Stärke!

Ihr seid diejenigen, die in ihrem Inneren durch freundliche Zusprache Harmonie erschaffen oder durch Selbstkritik Unsicherheit und Chaos! Die Wahl liegt bei euch!
Seid gesegnet, das war Kuthumi.

Wie man sich selbst liebt

Frage: In vielen Büchern steht die Empfehlung, man solle sich selbst lieben! Aber wie macht man das richtig? Könnt ihr uns da nicht eine praktische Anleitung geben?

Konfuzius
Seid gesegnet, seid in der Liebe, das ist Konfuzius.

Sehr gern! Es ist überaus wichtig, dass ihr liebevoll mit euch selbst umgeht! Ihr tut es durch eure Gedanken, und das hat die Auswirkung, dass sich dadurch eure Gefühle beruhigen und entspannen.

Viele Menschen, die zur Zeit auf der Erde sind, leiden unter Ängsten, die sie natürlich gedanklich fördern und sich damit Problemsituationen erschaffen. Angst ist das Gegenteil von Liebe!

Und wir würden euch gern eine Empfehlung geben, wie ihr aus so einem selbsterschaffenen Konflikt wieder herauskommt:

Alle Problemsituationen, die ihr im Äußeren erlebt, alle Ängste und Zweifel erschafft ihr durch eure Gedanken. Eure eigenen Gedanken sind es, die Erlebnisse bewerten!

Und wenn ihr über einen längeren Zeitraum euer Leben, die äußeren Umstände und euch selbst negativ bewertet habt, entsteht daraus ein innerer Konflikt zwischen eurem Gedanken- und Gefühlskörper. Sie arbeiten dann nicht mehr Hand in Hand, sondern eher gegeneinander. Der Gefühlskörper reagiert mit Panik und Ängsten, weil er sich ungeliebt und abgewertet fühlt und keinerlei liebevolle Rückmeldung von euren Gedanken erhält.

Wie kommt ihr da wieder heraus?

Es ist einfacher als ihr denkt: Stellt euch vor, euer Gefühlskörper sei ein verängstigtes kleines Kind, was eure Hilfe benötigt. Und euer

Verstand, eure Gedanken, ist die erwachsene Person, deren Aufgabe es ist, das Kind zu beruhigen!

Was würdet ihr diesem Kind, das unter Ängsten leidet, sagen? Würdet ihr ihm sagen: Stell dich nicht so an! Reiß dich zusammen! Du bist der größte Tolpatsch, der jemals geboren wurde! Zu leben ist eine furchtbare Bedrohung! Überall lauern Gefahren! Wenn du nicht perfekt funktionierst, kannst du hier nicht überleben! Dein Leben ist verpfuscht, du bist machtlos, noch irgendwas zu verändern!

Was glaubt ihr, wie sich dieses Kind fühlt, wenn es so etwas zu hören bekommt? Es reagiert mit Panik und diffusen Ängsten, verwirrt damit eure klaren Gedanken, so dass ihr letztendlich nicht fähig seid zu erkennen, was richtig und was falsch ist. Ihr werdet entscheidungsunfähig!

Hört auf, auf diese Weise mit euch umzugehen! Das ist Lieblosigkeit!

Geht in den Kontext eines liebevollen, erwachsenen Elternteils und unterhaltet euch so mit dem verängstigten Wesen in eurem Inneren, dass ihr euren Gefühlen aufbauende, freundliche Worte sagt, die voller Zuversicht sind. Das ist der richtige Weg!

Viele bilden sich ein, wenn sie diesen Ängsten keine Beachtung schenken oder sie gehörig einschüchtern, dann werden sie verschwinden. Das ist ein Irrtum! Davon werden sie stärker!

Der Weg zur Heilung führt über die Liebe! Redet mit diesem verängstigten Teil wie mit einem kleinen Kind, versichert ihm, dass es angenommen ist und dass ihr es immer lieben werdet. Vermittelt ihm Verständnis und Geborgenheit, bietet ihm Schutz und Sicherheit durch eure Gedanken. Dann wird es sich beruhigen und nach und nach wieder Vertrauen ins Leben gewinnen.

Auf diese Weise liebt ihr euch selbst!

Abwertung und Ignoration bringen euch nicht weiter!

Nehmt diesen Teil von euch, der ängstlich ist, liebevoll an die Hand! Sprecht mit ihm! Durch freundliche Worte macht ihr ihn euch zum Freund, und er wird sich entspannen, so dass wieder Klarheit in eure Gedanken einziehen kann.

Glaubenssätze

Konfuzius
Am Anfang eurer spirituellen Entwicklung stehen oft einige wundersame Erlebnisse, welche euch geschenkt werden von euren Geistführern, damit ihr euer Weltbild korrigieren könnt und eine Vorstellung von eurer Seele bekommt.

Danach besucht ihr Schulungskurse auf der Traumebene, wobei euch die Grundwahrheiten des Dualen Universums mit seinen Gesetzmäßigkeiten vermittelt werden.

Auf irdischer Ebene beginnt ihr dann für gewöhnlich, Bücher zu lesen oder Seminare zu besuchen, die euch bewusstseinsmäßig weiterbringen.

Nun kommt das Umsetzen dieser neuen Überzeugungen in eurem Leben:

Manche dieser Gesetzmäßigkeiten nehmt ihr sehr rasch als Wahrheit an, gegen andere sträubt sich euer Verstand. Sie stehen euren bisherigen Überzeugungen entgegen!

Nehmen wir ein Beispiel:

„Ich erschaffe mir meine derzeitige Realität!" das ist ein Grundgesetz eures Universums.

Ihr könntet davon überzeugt sein, dass dieses Gesetz nicht zutreffend ist, weil ihr im Austausch mit anderen Menschen steht, weil euch eure Eltern für immer geprägt haben, weil sich euch die Gesellschaft nicht so entwickeln lässt, wie ihr es gerne tätet, oder weil ihr selbst viel zu schwach seid, um überhaupt irgend etwas zu bewirken.

Schaut, wo ihr in diesem Grundgesetz eure persönlichen Annahmeschwierigkeiten habt?

Wie lautet euer Satz, weswegen dieses Gesetz auf euch nicht zutrifft?

Tatsache ist, es trifft immer und auf jeden zu! Ihr wäret nicht in diesem Universum, wenn es auf euch nicht zuträfe!

Findet also heraus, welche Überzeugungen euch behindern!

Wo läuft euer Leben nicht rund?

Seid ihr zufrieden mit eurem Körper und der Lebensenergie in euch? Wie steht es um eure zwischenmenschlichen Kontakte? Befriedigt euch euer Beruf? Wie steht es mit dem finanziellen Fluss?

All diese Gegebenheiten erschafft ihr durch eure Überzeugungen!

Wahrscheinlich werdet ihr feststellen, dass diese Überzeugungen für euch eine unumstößliche Tatsache sind. Und aus genau diesem Grund funktionieren sie auch in eurem Leben!

Wie kann man nun diese sogenannten „Tatsachen" erschüttern?

Fragt euch: Trifft diese, meine Überzeugung, ausnahmslos auf jeden Menschen auf diesem Planeten zu? Oder gibt es einen Menschen, auf den sie nicht zutrifft? Erlebt dieser Mensch die gleiche Realität, die ich in meinem Leben erschaffen habe?

Wenn es anders wäre, welche Ausrede würde für mich dann wegfallen?

Durch diese Fragen kommt ihr euren persönlichen Glaubenssätzen auf die Spur!

Seid gesegnet, das war Konfuzius.

Frage: Mein Mann hat ein Bücherregal mit sehr gewalttätigen Büchern. Es sind viele Krimis, Horror- und Kriegsbücher darunter, die auf mich eine sehr negative Ausstrahlung haben. Könnt ihr ihn nicht beeinflussen, dass er diese Bücher wegtut?

Kuthumi

Wir segnen euch, das ist Kuthumi.

Liebe ..., jeder Mensch verfügt über einen freien Willen, und wir achten diesen Willen!

Liest du denn diese Bücher ebenfalls?

Antwort: Nein, natürlich nicht! Ich lese spirituelle Bücher!

Kuthumi
Aha! Die Ausstrahlung der Bücher kann nur den Einfluss auf dich nehmen, den du ihnen zugestehst.

Bücher sind Träger von Informationen, und um die Informationen aufzunehmen, müsst ihr sie lesen oder in der Aura tragen. Wenn du also davon überzeugt bist, dass dich dieses Bücherregal mit einem Bann belegt, dann wird es so sein, weil du es glaubst! Würdest du es wiederum nicht glauben, dann wäre die Wirkung weg!

Ihr alle lebt in einer dualen Welt, es gibt dort immer Schwingungsquellen von unterschiedlichem Niveau, es gibt langsamschwingende und hochschwingende. Ihr alle lebt auf dieser Realitätsebene zusammen, und es geht darum, dass ihr euch mit euren Gedanken so weit entwickelt, dass ihr frei erkennen lernt: Welche spezielle Etikettierung habe ich einer Sache verordnet?

Wie ist die Rückwirkung auf mich? Möchte ich diesen Einfluss aufrechterhalten, oder befreie ich mich davon?

Die Befreiung erreicht ihr, indem ihr die Wahrheit erkennt, in die innere Ausgeglichenheit und Ruhe geht und aufhört, gegen einen vermeintlichen Feind zu kämpfen!

Dann nimmt auch die Wirkung auf euch ab!

Frage: Ich war neulich zu einer Reinigung meines feinstofflichen Systems, und ich möchte gern wissen, ob das was gebracht hat?

Kuthumi
Aus unserer Sicht sind deine Problematiken dabei sehr gut gelöst worden und von daher war es für dich eine lohnende Ausgabe. Wie fühlst du dich denn persönlich?

Antwort: Oh, ich fühle mich ganz hervorragend und höre auch gern, dass es sich gelohnt hat!

Kuthumi
Wenn du gestattest, würden wir dir gern Erklärungen dazu abgeben?

Antwort: Ja, gern!

Kuthumi
Es ist so: Durch den Aufstieg der Erde nimmt euer feinstoffliches System erhöhte Energie auf, wird dabei durchlichtet und in der Schwingungsfrequenz erhöht. Idealerweise steigen dabei eure Liebesfähigkeit, eure innere Klarheit und Harmonie an. Aber diese schwingungserhöhende Frequenz könnte auch in eurem Inneren auf Widerstände stoßen, wenn nicht auch parallel dazu eine Erhöhung der Bewusstheit stattfindet. Und diese wiederum betrifft eure Gedanken und inneren Überzeugungen!

Es wäre sehr vorteilhaft, wenn ihr diese energetische Arbeit unterstützen würdet, indem ihr liebevoll denkt, indem ihr euch so annehmt, wie ihr seid, ohne euch zu kritisieren und ohne äußere Situationen als feindlich oder gefährlich zu bewerten.

Stellt eure Gedanken vor euch hin und beobachtet sie!

Eure Gedanken sind sehr machtvoll! Ihr könnt Vorkommnisse bewerten und sie mit den sich daraus ergebenden Schlussfolgerungen versehen, die ihr in eurem Leben dann als Wahrheit erfahrt!

Das tut ihr, indem ihr euch innerlich sagt: Immer, wenn ich das tue, dann geschieht energetisch in mir das! Ihr geht also in Erwartungshaltung und erschafft euch damit persönliche Erfahrungen, für die ihr für gewöhnlich nicht bereit seid, die Verantwortung zu übernehmen, weil ihr eure gedanklichen Konstruktionen, die dahinterstehen, als universelle Wahrheit annehmt und nicht als euer Produkt!

Aus einer solchen Beobachtung ergibt sich ein sehr intensiver Entwicklungsprozess, bei dem ihr die Funktionsweise eurer Schöpfermacht kennenlernt!

Du solltest bei deinen Blockaden auch beachten, was dahintersteht!

Antwort: Ja, ich habe dabei etwas erkannt: Das Fluchen meines Mannes zieht die Energie in unserem Haus herunter! Ich muss ihn unbedingt davon abhalten, dass er das tut! Er hat versprochen, sich zu mäßigen, aber er wird es nicht von heute auf morgen abstellen können.

Kuthumi
Da hast du dir allerdings etwas vorgenommen! Liebe ..., du befindest dich in einem Universum der Dualität, das bedeutet, es ist möglich, polare Erfahrungen zu machen. An dieser Gesetzmäßigkeit wirst du nichts ändern – sie ist! Was du allerdings leicht verändern kannst, ist deine Einstellung dazu!
  Du bist gerade im Begriff, den schwereren Weg zu gehen. Schau dir deine Überzeugung an und die energetischen Verknüpfungen, die du dabei erschaffen hast. Wenn du leicht und locker mit der Situation umgehst, dann haben diese Flüche keine Auswirkung auf dich! Erkenne die Wahrheit!
  Und sei zuversichtlich, dass du es schaffen wirst!

Antwort: Ich bin auch zuversichtlich, dass ich das schaffen werde! Jedenfalls fällt mir auf, was ich wieder gedacht habe, und das ist ja schon ein wertvoller Schritt! Ich werde aber trotzdem meinen Mann weiter erinnern, dass er aufhört zu fluchen.

Kuthumi
Versuche dir doch einmal eine Strategie zurechtzulegen, wie du in einer solchen Fluch-Situation reagieren könntest, ohne dass es dich herunterzieht!

Antwort: Ja, das ist gar nicht so einfach! Es hat mich bisher immer getroffen wie ein Schlag.

Kuthumi
Das kommt aber aus deiner Überzeugung, dass Flüche auf dich so wirken! Und diese Überzeugung kannst du verändern!
  Beachte auch, dass du mit deiner Überzeugung auf eurem Planeten niemals vollkommene Ruhe haben wirst vor den Gedanken und Worten anderer Menschen! Aber du könntest in dir, wenn du bereit

bist, den Glauben entstehen lassen, dass dich das Ganze wenig tangiert.

Du könntest glauben, dass deine innere Balance so kraftvoll ist, dass die Dinge, die andere Leute denken oder sagen, einfach verpuffen! Wenn du eine solche Balance in dir erreichst, bist du nicht mehr empfänglich für die Energie, weil du dem Angreifer kein Resonanzfeld bietest! Die Energie wird von dir nicht angenommen und fällt auf den Absender zurück! Verstehst du das?

Antwort: Ja!

Kuthumi
Das funktioniert aber nur, wenn du persönlich emotional nicht mehr darin verstrickt bist!

Antwort: Hoffentlich gelingt mir das!

Kuthumi
In dem Moment, wo du das eben Gesagte als Wahrheit annehmen kannst, wird es sich rasch umsetzen! Du solltest nur hin und wieder retouchieren in deinen Gedanken, und sie immer wieder nach der Wahrheit ausrichten! Dann wird es dir gelingen! Irgendwann bist du dann das erste Mal ruhig, obwohl gerade ein Konflikt in der Luft hängt. Du bleibst dann bei dir, atmest ruhig durch, und du könntest dir im Inneren eine positive Suggestion sagen. Welcher aufmunternde Satz fällt dir denn ein?

Antwort: Ich bleibe innerlich ruhig und gelassen! Andere können sagen und denken, was sie wollen. Das geht mich nichts an!

Kuthumi
Ja, das wäre eine gute Suggestion! Und du wirst dann in deinem Inneren spüren, dass deine Emotionen nicht mehr aufbrausen. Deine emotionale Energie hört auf das, was du dir innerlich sagst! Du hast die Wahl: Du kannst deiner emotionalen Energie innerlich sagen,

dass dich Flüche bis ins Mark erschüttern und dein ganzes System herunterziehen. Du kannst dir aber auch liebevoll erklären: Wenn mein Mann flucht, dann zeigt das an, dass er gerade selbst in Bedrängnis ist. Ich bleibe vollkommen in meiner seelischen Balance, denn die Stärke meiner Liebe findet für alles eine Lösung!

Die Macht liegt in deiner Wahl!

Probiere es aus! Und sei versichert, dass du es kannst! Sobald du es einmal geschafft hast, wird es immer leichter!

Eure Gedanken haben eine sehr große Wirkkraft, um so eher ihr das erkennt, desto leichter werdet ihr sie verändern. Ihr seid Götter! Und ihr wachst gerade in euren göttlichen, energetisch hochgeladenen Körper hinein.

Dieser Weg ist nicht immer einfach, sondern gekennzeichnet von Herausforderungen. Aber ihr werdet es lernen, ihr werdet es alle lernen!

Liebe ..., du lernst es auch! Und es wird rasch gehen! Nachdem du es das erste Mal erfolgreich ausgeführt hast, wird sich dein System sehr beruhigen.

Des weiteren hat es die Auswirkung, dass du aufgrund deiner ruhigen Reaktionsweise von anderen Menschen sehr viel weniger angegriffen werden wirst, weil du ihnen keine Resonanzfläche mehr bietest!

Für Angreifer ist es nur befriedigend, wenn der andere emotional darauf reagiert!

Wenn sie verbal jemanden angreifen, der in Ruhe, in Liebe und Ausgeglichenheit verbleibt, wird die Energie zum Absender zurückgeschickt. Der Absender spürt das sehr deutlich und wird sich überlegen, ob er dich ein zweites Mal angreift. Entweder er lernt etwas daraus, oder er sucht sich jemanden, der bereit ist, in das Spiel einzusteigen.

Frage: *Jetzt hätte ich gern noch eine Auskunft zu meinen spirituellen Problemen. Als ich zu dieser Reinigung war, wurde ich von mehreren Elementalen befreit. Was ist das eigentlich?*

Kuthumi
Es gibt in eurem spirituellen Wissen, bedingt durch die Sprache, sehr viele Worte, die eine ähnliche Bedeutung haben und der Sinn dahinter vereint sie wieder. Die Bezeichnung Elemental kommt aus dem Sprachgebrauch der Wesenheit Herakles und bedeutet, dass in deinem feinstofflichen System eine Störkraft vorhanden ist.

Die erschaffst du in dir, indem du alte Blockaden verdrängst, sie auf Eis legst und nicht daran rühren möchtest, und indem du falsche Überzeugungen in deinem Inneren pflegst. Das Ganze kann durch energetische Beeinflussung aus dem feinstofflichen Bereich unterstützt sein, einmal in Form von niederen Wesenheiten oder durch Energieübertragung über einen implantierten Empfänger.

Frage: Wie funktioniert das mit dem implantierten Empfänger?

Kuthumi
Voraussetzung dafür ist, dass die Person in Opferhaltung oder innere Kämpfe verstrickt ist, sonst ist sie nicht empfänglich für derartige Störenergien. Diese Sender werden von Außerirdischen, die in das Duale Universum gehören, in Form von Microchips verteilt. Beim Träger kommt es dadurch zu einer manipulativen Beeinflussung seines feinstofflichen Systems, die sich wiederum ausdrückt in heftigen Stimmungsschwankungen, den Verlust des Humores und Unsicherheit bei Entscheidungen.

Frage: Nun war ich nicht zum ersten Mal zu so einer Reinigung, und ich hatte immer das Gefühl, dass meine Probleme nach einer gewissen Zeit wieder auftauchen. Gibt es eine Chance für mich, diese Probleme dauerhaft wegzubekommen?

Kuthumi
Du wirst so lange mit derartigen Problemen konfrontiert sein, wie du kämpfst oder dich als armes Opfer siehst! Bei dir steht das Kämpfen im Vordergrund, bei anderen wiederum die Opfermentalität.

Schau dir deine inneren Kämpfe an: die Kämpfe mit anderen Menschen, die Kämpfe gegen energetische Beeinflussung. Solange du im Kämpfen verharrst, bietest du eine Angriffsfläche.

Das geschieht einmal auf physischer Ebene beim Streit mit deinem Mann, indem du dich energetisch darauf einlässt und in den Krach einsteigst.

Wir wissen, dass es für euch nicht immer einfach ist, die Zusammenhänge zu erkennen und dann noch entsprechend eure Handlungen zu verändern.

Aber es ist ein universelles Gesetz, dass jeder Kämpfer seinen Angreifer finden wird und jedes Opfer seinen Despoten! Und genau dieses Gesetz hilft euch, euch weiter zu entwickeln!

Hört auf zu kämpfen oder euch unterzuordnen!

Das Schicksal sorgt mit unbestechlicher Gerechtigkeit dafür, dass jeder genau das lernt, was er am wenigsten akzeptieren will und wogegen er den größten Widerstand aufbringt!

Suggeriert euch innerlich, dass ihr ausgeglichen, in Balance und im Frieden mit allem, was ist, seid!

Fühlt diesen Frieden und diese Liebe in eurem Herzen und nehmt eure innere Stärke und Macht wahr. Ihr werdet frei sein von Angriffen und Übergriffen jeglicher Art, wenn ihr aufhört zu kämpfen und zu reagieren! Dann seid ihr frei!

Hast du das verstanden?

Antwort: Ja, das habe ich jetzt verstanden! Wenn ich mir innerlich suggeriere, dass ich in meiner Mitte bleibe, vollkommen ruhig und gelassen, dann hören auch die Kämpfe auf.

Kuthumi
Liebe ..., es ist so: Du hast ein feinstoffliches System, und dieses System sendet Signale aus! Idealerweise sendet es aus: Ich bin ein selbstbewusster, liebe- und machtvoller Mensch, der geradlinig durchs Leben geht!

Aber in deinem Fall sendet es aus: Ich bin ein Kämpfer! Nehmt euch alle in Acht, sonst könnt ihr was erleben!

Bei gegenteilig gestimmten Menschen sendet es aus: Ich bin ein Opfer! Bitte tut mir nichts, denn ich bin nicht gewohnt, mich zu wehren!

Nun gibt es außerhalb von dir selbst jede Menge Menschen mit feinstofflichen Systemen, und es tun sich die zusammen, die dasselbe Signal aussenden. Darüber hinaus gibt es für euch unsichtbare Bewohner, die in einer anderen Frequenz schwingen und auch in diesem Dualen Universum zu Hause sind. Und sie sind auf der Suche nach Personen, die sich auf einen Kampf einlassen oder bereitwillig unterordnen. Die sind für sie interessant!

In dem Moment, wo du aufhörst zu kämpfen und trotzdem in deiner inneren Stärke und Balance bleibst, wirst du für sie uninteressant! Du wirst so anfangen zu leuchten, dass sie weggehen!

Sie ertragen dann deine Energie nicht mehr!

Antwort: Das werde ich tun!

Kuthumi
Sei zuversichtlich, du wirst es schnell lernen!

Frage: Ich habe noch eine andere Frage: Mir wurde neulich von einem Medium gesagt, dass ich einen Teil meiner Lebensaufgabe nicht mehr ausführen soll, es betrifft das Singen im Kanal mit Meisterin Lady Nada. Die Begründung war, es bestände da kein göttlicher Auftrag und deshalb hätte ich Schwierigkeiten! Stimmt das?

Kuthumi
Liebe ..., wir fragen dich: Was möchtest du?

Antwort: Ich möchte gern singen, es hat mir viel Spaß gemacht!

Kuthumi
Du hast einen freien Willen und wählst, was immer du möchtest – auch deine göttliche Aufgabe! Und niemand hat dir da etwas vorzuschreiben, nicht einmal ein Meister!

Wenn es dir wichtig ist und Freude bereitet, kannst du jederzeit singen. Aber du solltest den wahren Grund deiner Schwierigkeiten erkennen und Folgendes dabei beachten:

Wenn Meisterin Lady Nada durch dich singt, fungierst du als Channel und öffnest dich dabei sehr hohen Energien, die dein System durchlichten und auch nachhaltig schwingungsmäßig erhöhen. Und für einen Channel ist es außerordentlich wichtig, dass er innerlich in Balance ist und weder im Opfer- noch im Kämpferspiel verfangen ist!

Wenn du aussenden kannst: Ich bin ein selbstbewusster, liebe- und machtvoller Mensch, und die damit verbundenen inneren Gefühle in Frieden halten kannst, dann bietest du keine Resonanzfläche für niedere Energien!

Sobald du dich öffnest für hohe geistige Energien, erweiterst du damit dein Wahrnehmungsfeld in feinstoffliche Bereiche. Und nun kommt es auf dich an und deinen geistigen Entwicklungsstand!

Bist du im Fokus des Opfers, erweiterst du dein Leidensgebiet! Bist du im Fokus des Kämpfers, erweiterst du dein Schlachtfeld!

Du wirst dich dann nicht mehr nur im physischen Bereich mit deinem Ehemann oder anderen bekämpfen, sondern du wirst auch Streithähne im feinstofflichen Bereich finden.

Deswegen sollte so eine spirituelle Öffnung in achtsamen Schritten vor sich gehen und auch abgestimmt sein mit eurem Bewusstseinswandel!

Das ist auch der Grund, warum sich sehr viele spirituell interessierte Menschen nach einem kurzen blitzartigen Öffnen wieder verschließen und enttäuscht zurückziehen, weil sie dabei Erfahrungen gemacht haben, die mit ihrer eigenen Resonanzfläche zu tun haben.

Strebt danach, friedvolle, selbstbewusste und liebevolle Menschen zu werden und lernt dieses Gefühl zu halten, egal was von außen kommt!

Wenn ihr das geschafft habt, werden alle kleinen Tyrannen vor euch weglaufen! Und dann seid ihr frei! Seid gesegnet, seid in der Liebe, das war Kuthumi.

Das Opfer-Kämpfer-Spiel

Konfuzius
Seid gesegnet, seid in der Liebe, das ist Konfuzius. Wir möchten euch heute gern das Energiespiel, welches ihr auf irdischer Ebene in Form von Rollen spielt, näher erklären:

Ihr befindet euch in einem Universum der Dualität und das bedeutet, dass es euch hier möglich ist polare Persönlichkeitserfahrungen zu sammeln. Wir hatten euch berichtet, dass sich androgyne Wesen nicht als Persönlichkeiten mit bestimmten Charaktereigenschaften erfahren.
Im Dualen Universum ist das anders!
Aufgrund der Teilung in weibliche und männliche Geschlechter ist die Polarität bei euch ein garantierter Bestandteil. Und die daraus resultierenden Kräfteverhältnisse möchten wir euch gern näher erklären:
Grobgesehen gibt es für euch nur zwei Arten, die Dualität in eurer Persönlichkeit auszudrücken:
Opfer und Kämpfer!

Opfer sind Menschen, die sich oft zurücknehmen, ihre angeborene Energie und Vitalität verleugnen und sich selbst für minderwertig und unterlegen halten. Ihre Energie ist nach innen gerichtet und äußerlich erscheint sie passiv! Sie sind stets bereit, ihre eigenen Wünsche und Bedürfnisse hinten an zu stellen, und halten ihre Meinung zurück. Sie leben nach dem Motto:
Wenn ich mich anpasse und unterordne, kann mir nichts passieren!
Sie sind unfähig, für sich selbst einzustehen und zu fordern, und gehen jedem Konflikt aus dem Wege!

Kämpfer stellen den Gegenpart zum Opfer dar. Sie sind sich ihrer Vitalität bewusst, bangen aber stets um ihre Integrität und üben zwanghaft Macht und Einfluss auf andere aus. Ihre Energie ist nach außen gerichtet – sie sind die Macher! Nichts befürchten sie mehr als vereinnahmt zu werden oder von anderen besiegt und überrundet. Wo immer sie auftreten, sind sie am kämpfen. Dabei möchten sie unter allen Umständen die Kontrolle behalten und setzen sich ungeniert über die Bedürfnisse ihrer Mitmenschen hinweg. Sie leben nach dem Motto: Angriff und Einschüchterung garantieren mir meine Unversehrtheit!

Diese beiden Persönlichkeitsbilder sind im Dualen Universum aufgrund der Polarität häufig anzutreffen. Und sowohl die Opfer als auch die Kämpfer lassen sich wiederum in zwei Typen unterteilen:

Kämpfer: – der Tyrann
– der Vernehmungsbeamte

Opfer: – das arme Ich
– der Unnahbare.

Der Tyrann:
Er übt auf gewalttätige Weise Macht aus! Er ist auf körperlicher Ebene herrschsüchtig, agiert mit unvorhergesehenen Temperamentsausbrüchen und wird gewalttätig. Sein Mangel liegt auf verbaler Ebene. Oft ist er unfähig, zu diskutieren und durch Worte seinen Standpunkt auszudrücken. Er weidet sich an der Angst seines schwächeren Gegenübers und bezieht daraus kurzfristig Energie – ein Gefühl der Wichtigkeit und Aufwertung. Im tiefsten Inneren ist er von Unsicherheit geprägt und überspielt diese durch machtvolle Ausbrüche. Er beneidet den Vernehmungsbeamten um seine Gewandtheit.

Der Vernehmungsbeamte:
Er ist geistig verschlagen und clever; jemanden an die Wand zu reden, ist seine Stärke!

Im Gespräch mit anderen stellt er spezifische Fragen, dringt dabei in die Welt des anderen ein in der Absicht, an seinem Verhalten und an der Denkweise des anderen „Fehler" zu entdecken. Sobald er den Anschein eines Fehlers oder einer Unsicherheit entdeckt hat, stellt er den anderen bloß, erniedrigt ihn und wirft ihm seine Inkompetenz vor. Er muss zwanghaft alles unter Kontrolle haben und agiert mit Drohungen und verbalem Druck. Er heckt gern Intrigen aus, lässt seine Kollegen mit tiefer Befriedigung auflaufen und erfreut sich an seiner eigenen Genialität. Da er dabei alles unter Kontrolle haben möchte, führt er oft ein Doppelleben und leidet unter dem selbsterschaffenen Stress. Er hat Angst vor der Gewalttätigkeit des Tyrannen.

Das arme Ich:
Dieses Opfer badet mit Vorliebe in Selbstmitleid und vermittelt anderen: Ich bin arm und schwach!
Helft mir!
Es erregt Mitleid, Aufmerksamkeit und Zuwendung von anderen, und um diese zu bekommen, verfolgt es unterschiedliche Taktiken: es jammert, klagt über die Ungerechtigkeiten der Welt, bricht in Tränen aus, wird krank und droht mit Selbstmord. Wird ihm einmal die Hilfe verweigert, reagiert es mit Beleidigung und Rückzug, gibt aber seinem Gegenüber zu verstehen: Du bist schuld, wenn ich vorzeitig ins Gras beiße!
Das arme Ich beneidet den Unnahbaren, der sich ganz offensichtlich von dem Einfluss anderer freigemacht hat.

Der Unnahbare:
Er ist unzugänglich und distanziert, er erweckt den Anschein, über den Dingen zu stehen und benötigt viel Freiraum und vermeidet Bindungen jeglicher Art. Seine Urangst besteht darin, andere könnten ihm etwas aufzwingen und ihn in seiner Freiheit beschneiden. Der Unnahbare wohnt in einem geistigen Turm, distanziert sich vom Rest der Welt – nach dem Motto: Die sind mir alle viel zu blöd!
Er hat ein großes Schutzbedürfnis und ist unfähig, sich zu wehren. Wird er auf irgendeine Weise angegriffen, baut er die Mauer

seines Turmes höher und streicht den „vermeintlichen Feind" von der Liste der vertrauenswürdigen Menschen.

Der Tyrann sucht sich als Gegenspieler das arme Ich. Es ist bereit, mit Hingabe zu leiden, bis zu dem Punkt, wo es die Kraft findet, sich aus der Verbindung zu lösen.

Der Vernehmungsbeamte sucht sich als Gegenspieler den Unnahbaren, er wird ihn so lange piesacken, bis dieser gelernt hat, ihm Grenzen zu setzen.

Im Laufe eures Inkarnationszykluses habt ihr euch durch alle vier Energien bewegt! Ihr wart schon der Tyrann, das arme Ich, der Vernehmungsbeamte und der Unnahbare. Alle diese Rollen habt ihr mit Bravour in vielen Leben gespielt, und sie sind in einem gewissen Maße in jedem von euch vorhanden! Auch in dieser Inkarnation!

Es könnte in eurem Leben eine Phase gegeben haben, wo ihr einen anderen geschlagen habt, wo ihr versucht habt, eure Kollegen mit Cleverness auszustechen, eine Periode, wo ihr hemmungslos im Leid gebadet und euch letztendlich angewidert vom Rest der Welt distanziert habt. All diese Erfahrungen sind anteilmäßig in vielen von euch vorhanden, aber irgendwann kommt für jeden der Zeitpunkt, wo er bewusst da heraustritt!

Über viele Inkarnationen hat euch dieses Charakterspiel Spaß gemacht, ihr durchlauft dabei eine Entwicklungskette, wobei die Babyseele und die Alte Seele eine Sonderstellung einnehmen.

Die Babyseele ist nicht fähig, in diesem Energiespiel zu funktionieren, weil für sie alles noch zu neu ist. Die Alte Seele klinkt sich bewusst aus diesem Rollenspiel aus und erreicht den Status des „bewussten Menschen".

Der bewusste Mensch:
Der bewusste Mensch steht am Ende der Entwicklungskette! Er ist durch sämtliche Rollen gegangen und kann sich dadurch leicht in

andere und Situationen einfühlen. Er hat ein gutes Selbstwertgefühl, hat seine Kämpfe gegen andere und sich selbst beendet, er strahlt natürliche Autorität aus und erreicht damit in sich selbst eine Klarheit und Souveränität, die letztendlich seinen Inkarnationszyklus beendet. Er arbeitet bewusst an seinen noch vorhandenen Charakterschwächen.

Jeder von euch trägt in sich ein gewohntes Handlungsmuster, das ist eine erprobte Art und Weise, wie ihr Alltagstätigkeiten erledigt.
Opfer sind von der Energie her phlegmatisch, sie warten und grübeln und grübeln und warten, bis die Möglichkeit zu handeln verpasst ist. Sie leiden an Unentschlossenheit und Zurückhaltung und werden durch äußere Ereignisse gezwungen zu reagieren.
Kämpfer gehen mit wutschnaubender Entschlossenheit an ihr Tagewerk, sie laden sich so viele Erledigungen auf, dass sie nicht eher ruhen, bis sie körperlich zu einer Zwangspause gezwungen werden. Sie sind stets am Agieren.
Nun fragt euch bitte selbst offen und ehrlich, auf welche Weise ihr eure Alltagserledigungen erfüllt?
Seid ihr mehr der Kämpfer- oder der Opfertyp?

Der bewusste Mensch hat die Mitte zwischen Agieren und Reagieren gefunden. Er kommt seinen Verpflichtungen nach und gönnt sich auch Rückzugspausen!
Seid gesegnet, das war Konfuzius.

Das Böse ist eine Illusion,
die ihr in euch erschafft!

Frage: Woher kommt das Böse – die Macht von negativen Energien?

Konfuzius
Seid gesegnet, bleibt in eurer positiven Energie – auch wenn wir vom „Bösen" sprechen!

Das sogenannte Böse, das sogenannte Negative, ist eine Illusion des Dualen Universums!

Das Böse wie das Gute kommen aus der gleichen göttlichen Quelle!

Durch die Trennung, die ihr bei Betreten des Dualen Universums erfahren habt, seid ihr in der Lage, polare Erfahrungen zu machen.

Vielleicht wäre es für euch hilfreich, wenn wir euch den Aufbau von negativen Kräften erklären würden, damit ihr den Weg zur Immunität findet.

Immunität erreicht ihr durch drei Dinge:

- die Liebe in eurem Herzen
- positive Gedanken
- und das Verständnis und die Ausstrahlung von Allmacht!

Nun ist es so, dass sich viele bewusste Menschen darum bemühen, die Liebe in ihrem Herzen zu erschaffen, und viele üben sich darüber hinaus im positiven Denken, aber was euch manchmal mangelt, ist eine Vorbildfigur, die Eigenmacht mit Liebe und Positivität darstellt.

Idealerweise bekommt ihr dieses Bild in eurer Kindheit von eurem irdischen Vater vermittelt!

Wenn ihr einen Vater hattet, der gütig, liebevoll, aber auch kraft- und machtvoll war, dann verfügt ihr über ein inneres Bild, an dem ihr euch orientieren könnt!

Vielen mangelt es gerade an diesem Bild.

Wenn ihr in euch diese drei Komponenten: positive Gedanken, Eigenmacht und Liebe erschafft, dann haben negative Kräfte auf euch keinen Einfluss!

Nun schauen wir uns diese negativen Energien einmal genauer an:

Betrachten wir uns als erstes die irdische Realität, die Physis, in der ihr lebt:

Negative Kräfte findet ihr bei Menschen, die herzlos, lieblos, machtlos und damit nicht in ihrer Mitte sind. Diese negativen Kräfte sind also nicht irgend etwas Nebulöses, Verschwommenes, wie ihr manchmal meint!

Solche Menschen haben oft verdrehte Vorstellungen und Glaubenssätze übernommen. Das bedeutet keineswegs, dass sie böse sind! Dieses ganze Spiel findet auf der Ebene eurer Gedanken und Gefühle statt und erschafft, wenn viele mitspielen, einen Erfahrungsrahmen.

Wie stellt es nun eine einzelne Person an, in sich Negativität zu erzeugen?

Grundvoraussetzung dafür ist ein Mangel – ein Zweifel an der eigenen Vollkommenheit (der ist im Dualen Universum gegeben durch die Teilung), und es wäre sehr vorteilhaft, wenn sich die Person des Mangels nicht bewusst wäre. Lassen wir also diesen Mangel im Unterbewusstsein als ein wildes, unbestimmtes Verlangen toben – ein unangenehmes Gefühl, was ständig flüstert:

„Hier stimmt etwas nicht! Irgendwas fehlt! Wo ist es nur hin?"

Unsere Person beginnt nun gegen dieses Gefühl anzukämpfen, indem sie sich auf die Suche des vermeintlich Abhandengekommenen begibt. Sie betrachtet sich ihre Lebensumstände und erkennt, was ihr fehlt: Es ist Geld, Besitz, Reichtum, Anerkennung, Einfluss, Sex, Macht, Partys und ein Haufen Freunde, die sie alle bewundern.

Nun gibt es für sie zwei Möglichkeiten: Entweder erschafft sie sich diese „prachtvollen" Lebensumstände und führt ein Leben wie eine Maus im Tretrad, wobei sie sehr schnell leben muss, denn in dem Moment, wo sie innerlich zur Ruhe kommt, hört sie wieder den Satz in ihrem Unterbewusstsein:

„Hier stimmt etwas nicht! Irgendwas fehlt! Wo ist es nur hin?"

Die zweite Möglichkeit wäre, sie fühlt sich unfähig, diese Umstände zu erschaffen, und geht in ein Bewusstsein des Mangels und Neides, ihr mangelt es an Geld, Besitz, Reichtum, Anerkennung, Einfluss, Sex, Macht, Partys und bewundernden Freunden.

Das sind die irdischen Möglichkeiten, um in sich selbst „Negativität" und ein Mangeldenken zu erzeugen, dass ihr nach Herzenslust bekämpfen könnt!

Gehen wir nun eine Stufe höher in die Ebene eures kollektiven Bewusstseins:

Im kollektiven Bewusstsein sind eure kollektiven Überzeugungen verankert, die euch beispielsweise vorgaukeln könnten, dass alle Menschen, die über Geld, Besitz und Macht verfügen, glücklich sind.

Das ist eine Illusion!

Des weiteren wirken in diese Ebene eure Fernsehstrahlen hinein. Sie sind sozusagen kollektiver Ausdruck dessen, was ihr für wahr und realistisch haltet und womit ihr euch als Kollektiv beschäftigt!

Wenn ihr euch nun euer Fernsehprogramm so anschaut, da gibt es jede Menge Angebote von Kriminalfilmen, Actionfilmen, Horrorfilmen und dergleichen mehr. Nicht zu vergessen die Werbung, die euch sagt, was wichtig in eurem Leben ist!

Im Vergleich zu aufklärenden, liebevollen Sendungen ist die Menge an Filmen, die eine angstvolle, negative Macht repräsentieren, sehr viel höher!

Und ein großer Teil der Bevölkerung schaut sich genau diese Filme an!

Ihr solltet wissen, dass es sich dabei um Energien handelt, die ihr in euer persönliches Feld einladet und denen ihr gestattet, eure ureigene Wahrheit zu beeinflussen.

In der gleichen Ebene, und das ist kein Zufall, befinden sich eure kollektiven Ängste, eure kollektiven Zweifel, eure negativen Visionen, die Angst vor Krieg, vor Terror, vor Mangel, vor der Zukunft.

Das sind Energien, die ihr einspeist ins morphogenetische Feld eures aufsteigenden Planeten!

Und jeder Einzelne trägt mit der Wahl seines Fernsehprogrammes und seiner persönlichen inneren Vision dazu bei, was in diesem morphogenetischen Feld über die Erdenkinder geschrieben steht!

Soviel zur Atmosphäre der Erde!

Nun steht euer Planet nicht freischwebend im leeren Raum – um euch befindet sich das Universum der Dualität. Es gibt darin viele bewohnte Planeten, und deren Bewohner haben sich ähnliche Problemnetze gestrickt wie die Menschen auf der Erde. Das ist möglich durch die Unvollkommenheit und Spaltung, die ihr alle in euch tragt. Aber deren Negativität funktioniert nach den gleichen Gesetzmäßigkeiten wie auf irdischer Ebene! Sie verfügen nicht über ein besonderes Leistungsmerkmal auf diesem Gebiet.

Die Bewohner der anderen dualen Planeten sind zum Teil technisch weiter entwickelt als ihr, sie verfügen über Raumschiffe, die eine ähnliche Verbreitung haben wie bei euch das Auto. Dadurch verfügen sie über das Wissen, dass es andere bewohnte Planeten gibt, und sie betrachten Sterne, deren Bewohner technisch nicht so weit entwickelt sind wie sie, als minderwertig. Sie sind davon überzeugt, dass die Bewohner dieser Planeten ganz offensichtlich zurückgeblieben und dumm sind!

Dieser Anspruch kommt natürlich wie jede Überheblichkeit aus ihrem Ego! Wie ihr seht, verfügen nicht nur Erdenmenschen über ein Ego!

Sie versuchen zuweilen, ihre selbsterschaffene Problematik auf anderen Planeten zu beheben, oder probieren aus, wie manipulierbar andere Bewohner sind. Aber diese Manipulationen können nur geschehen, wenn beim Gegenüber ein fruchtbares Feld dafür vorhanden ist.

Wer auf irdischer Ebene liebevoll, kraftvoll und eigenverantwortlich ist und sich nicht von anderen manipulieren lässt, vor dem schrecken auch Außerirdische mit schlechten Absichten zurück!

Drei Dinge sind der perfekte Schutz: Liebe zu allem, was ist, positive Visionen und die Ausstrahlung von Kraft, Licht und Eigenmacht! Vergesst nicht: Das Böse ist eine Illusion, die in euren Gedanken erschaffen wird.

Bemerkung: Ich finde, die größte Negativität und Angst entsteht durch Gewalt! Könnt ihr dazu etwas sagen?

Konfuzius
Gut. Das Hauptproblem auf der Erde, womit ihr in euch Angst und Negativität erzeugt, sind Kriege!

Ihr alle habt in der Vergangenheit oder früheren Inkarnationen an Schlachten oder gewaltsamen Eroberungen teilgenommen, und diese Erinnerung ist in eurem Zellbewusstsein abgespeichert. Ihr ward Zeuge von Gewalt, blutigen Auseinandersetzungen, habt selbst getötet und seid hingeschlachtet worden. Wenn ihr in einem Krieg, wo Mann gegen Mann kämpfte, getötet worden seid, dann speichert sich die furchtbare Angst in diesem Moment des Sterbens in eurem Energiefeld ab. Ihr verlasst euren Körper und betrachtet das Ganze aus einer höheren Perspektive. Die dabei gewonnene Erkenntnis könnte lauten:

Ich habe mich für eine Sache missbrauchen lassen, an der ich keinerlei persönliches Interesse hatte!

Ich habe Menschen getötet, Frauen vergewaltigt und junge Mädchen missbraucht, die mir auf Seelenebene nahestehen!

Ich habe mich wie eine rasende Bestie benommen und meine Kameraden in eine Schlacht getrieben, die vollkommen aussichtslos und überflüssig war!

Diese Last wiegt schwer! Und ihr habt im jenseitigen Bereich viele Tränen über euer eigenes Handeln vergossen.

Irgendwann kommt der Zeitpunkt, wo ihr euch neu inkarniert, und diese alte Speicherung der Angst führt euch zu Vermeidungstaktiken – ein Teil von euch möchte diesen Erlebnissen in Zukunft entgehen, aber eure Seele wird euch die Chance verschaffen, das nächste Mal anders zu handeln.

Das bedeutet, ihr werdet auch in einer späteren Inkarnation in gewalttätige Auseinandersetzungen hineingezogen.

Aus der inneren Angst entstehen verzerrte Überzeugungen, die auch dann noch nachwirken, wenn die Zeit des Kämpfens längst vorüber ist:

1. Könntet ihr glauben, dass alle fremdländischen Menschen unberechenbar und hinterhältig sind, und dass es besser ist, wenn man ihnen aus dem Weg geht.
2. Ihr könntet glauben, wenn ihr euch unterordnet und gefangen gebt, dass ihr dann die größte Überlebenschance habt. Daraus ergibt sich, dass ihr misstrauisch gegenüber Ausländern seid, dass ihr es vermeidet, in andere Länder zu reisen. Ihr lehnt bestimmte Kulturen und Nationalitäten ab, ohne sie überhaupt kennengelernt zu haben. Das Merkmal dabei ist, ihr könnt diese Ablehnung vor euch selbst nicht schlüssig begründen. Sie ist als Gefühl vorhanden, ohne dass ihr wisst, warum?

Des weiteren habt ihr möglicherweise die Tendenz, euch Autoritäten unterzuordnen, euch lieber „gefangen zu geben".

All diese Dinge sind Nachwehen aus lang zurückliegenden Kriegen! Eure Aufgabe ist es, diese Veranlagungen zu erkennen und zu überwinden!

Das Gute an der Manipulation

Konfuzius
In der Vergangenheit haben viele von euch Bekanntschaft mit Manipulation gemacht.

Erkennt klar und deutlich, dass dadurch, dass ihr manipuliert wurdet, eure Seelen gewachsen sind!

Eines Tages habt ihr erkannt, dass dabei Kraftakte abliefen, die gegen euer inneres Empfinden, gegen euer Gefühl gerichtet waren. Und irgendwann wird jeder von euch die Kraft finden, sich dieser Manipulation zu entziehen. Und das ist für jeden von euch ein sehr, sehr wertvoller Schritt!

Wenn ihr euch die vergangene Geschichte der Erde anschaut, dann könnt ihr den Einfluss der widerstrebenden Kräfte beobachten: Machtausübung – Unterwerfung, Manipulation – Vergeltung.

All diese Erfahrungen sind im Spielrahmen der Akasha-Chronik wählbar – ebenso wie das Erwachen zu einem bewussten Menschen.

Die Erfahrung der Manipulation hat euch eines Tages so hoffnungslos in die Enge getrieben, dass ihr energetisch am Zusammenbrechen wart. Das Maß des Erduldbaren war voll und ihr habt euch geschworen, von jetzt an den Weg der Wahrheit zu gehen und euch nicht mehr als armes Opfer zu fühlen. Ihr habt in euch eine Kraft, die ganz genau weiß, wo der Ausweg aus jeder verfahrenen Situation ist. Und diese Kraft gilt es zu entfalten!

Über diese Kraft verfügt jeder Mensch, auch die, die noch ein bisschen Manipulation brauchen, bis sie in die Gänge kommen!

Nun ist es in eurer aufsteigenden Zeitebene so, dass all diese Manipulationen, Verschleierungen, Intrigen und Verleumdungen aufgrund der erhöhten Schwingung schneller ans Licht kommen.

Wo Licht und Bewusstheit zunehmen, nehmen Lügen ab!

Und eure Teenagerseelen, die mit großer Hingabe in diesen Machtspielen verankert sind und viel Wert darauf legen, die Fäden weiter in der Hand zu behalten, um nach ihren Vorstellungen die Marionetten tanzen zu lassen, für die wird es immer schwieriger, weil täglich Menschen erwachen, die ihre eigene Größe und Macht erkennen, die sich ausklinken aus manipulativen Machenschaften und konsequent und verantwortungsbewusst ihr Leben in die eigenen Hände nehmen!

Darin besteht eure Aufgabe!

Dadurch wird sich sehr viel auf eurer Erde umstrukturieren, das Zusammenleben und das Leben jedes Einzelnen verändern. Aber jeder einzelne Mensch ist in der Verantwortung, diesen Schritt bei sich selbst zu vollziehen!

Und glaubt nicht, wenn ihr in euren Nachrichten erfahrt, welche Katastrophen und Gewalttaten sich wieder abgespielt haben, dass dies Anzeichen dafür wären, dass eure Zeitebene dieser Umstrukturierung widerstehen könnte. Ganz im Gegenteil! Es handelt sich dabei um natürliche Auswirkungen dieser Schwingungserhöhung!

Ebenso sind eure Proteste gegen veraltete Methoden oder unzeitgemäße Vergeltungen keineswegs sinnlos!

Die Gruppe der Menschen, die erwacht sind und damit nicht mehr manipulierbar, formiert sich immer stärker. Ihr steht über die Traumebene und das kollektive Bewusstsein miteinander in Verbindung!

Seid gewiss, dass sich euer Zusammenleben, wenn die Zeit dafür reif ist, sehr zum Positiven wandeln wird. Eines Tages wird die Gruppe so stark sein, dass ihr durch friedlichen Protest manipulative Politiker zum Rücktritt zwingt!

Und eines Tages werdet ihr soweit sein, dass ihr diesen Planeten durch friedvolle Demonstrationen entwaffnet! Und dass ihr nach und nach überall auf der Erde eine Gesellschaft aufbaut, in der es sich lohnt zu leben. Das sind die Dinge, die auf euch zukommen! Vertraut darauf!

Achtet auch darauf, wenn ihr euch durch Nachrichten informiert, dass die Menge an Information wohl dosiert ist! Es ist nicht notwendig, dass ihr das stündlich wiederholt, weil euch zu viele negative Meldungen herunterziehen.

Achtet auf euer inneres Gleichgewicht!

Eure Ausgeglichenheit und innere Harmonie sind euer wichtigster Garant für den Aufstieg!

Seid gesegnet, das war Konfuzius.

Fülle – Mangel – Geschenkkreise

Frage: Haben Schulden etwas mit Schuld zu tun?

El Morya
Wir segnen euch mit Liebe und Kraft, das ist El Morya.

In gewisser Weise haben Schulden etwas mit Schuld zu tun! Damit ihr das nicht falsch versteht: Selbstverursachte Schulden haben in dem Sinne nichts mit karmischer Schuld zu tun, sondern eher mit der Unfähigkeit, Fülle und Wert aus dem eigenen Inneren heraus zu erschaffen! Es gibt auch karmische Schuld, aber die wirkt sich eher dahingehend aus, dass ihr wählt, in bestimmte Verhältnisse hineingeboren zu werden, in der Absicht, etwas Bestimmtes zu lernen.

Was haben nun Schulden mit Schuld zu tun?

Fülle und Reichtum erschaffen sich von innen nach außen! Ist sich ein Mensch seines eigenen Wertes bewusst, wird er seine mentalen Vorstellungen erfolgreich realisieren! Der **Erfolg** folgt dem inneren Wert, der inneren Selbstanerkennung! Das Selbst-Wert-Gefühl – lasst euch dieses Wort auf der Zunge zergehen – spielt dabei die größte Rolle!

Ist dieses Selbstwertgefühl nicht vorhanden, was ist dann an der Stelle, wo eigentlich der Selbstwert sein sollte?

Da ist ein anderes Gefühl – ein polares Gefühl, was am eigenen Wert zweifelt!

Wo kommt dieses Gefühl her? Aus der Kindheit! Ein Elternteil hat euch zweifeln lassen am eigenen Wert!

Da aber jeder danach strebt, ein wertvoller Mensch zu sein und Erfolg zu haben, erschafft sich der Mensch, der sich seines eigenen Wertes nicht bewusst ist, einen nach außen strahlenden Scheinerfolg.

Und dafür benötigt er Geld, das er natürlich nicht hat und auch niemals besitzen wird, wenn er die alte Schuld vom nichtvorhandenen Selbstwert nicht bearbeitet!

Wenn ihr an eurer Fülle arbeiten möchtet, dann ruft euch dafür Meister Kuthumi. Er ist für Reichtum, Fülle, Zuwachs, Selbstwert und die damit verbundenen Überzeugungen, aber auch behindernden Energien und Glaubenssätzen zuständig.

Frage: Angenommen, ich lege mich jetzt auf die Couch und rufe Meister Kuthumi und beauftrage ihn, er soll mein Schuldenbewusstsein bearbeiten und in meinem Leben Fülle und Reichtum kreieren. Wann kann ich dann mit materiellen Verbesserungen rechnen?

El Morya
In ungefähr 40 Jahren!

Antwort: Was? Das ist ja entsetzlich! Hat er nicht mehr Power?

El Morya
Er schon! Aber du ganz offensichtlich nicht!

Wo ist denn dein Beitrag bei diesen angestrebten Veränderungen?

Um so intensiver ihr persönlich mitarbeitet, um so schneller geht es! Meister Kuthumi unterrichtet euch auf der Traumebene, erst einmal allgemein und für diejenigen, die tatsächlich bereit sind, die Verantwortung zu übernehmen und an ihrer Situation etwas zu verändern, denen erstellt er einen persönlichen Plan. Seid in der Liebe und Kraft, das war El Morya.

Frage: Würdet ihr uns das Prinzip des Geschenkkreises erklären?

Konfuzius
Seid gesegnet, seid in der Liebe, das ist Konfuzius.

So, ihr wolltet wissen, wie die Energie in einem Geschenkkreis fließt – sehr oft in die falsche Richtung!

Wir werden euch das Prinzip erklären:

Ihr alle kennt den Effekt, den ein Stein erzeugt, der in ein Gewässer geworfen wird. Er erzeugt von der Einschlagstelle aus kreisförmige Wellen, die sich verbreitern und rhythmisch auseinanderfließen.

Von innen nach außen!

Das Gleiche geschieht, wenn ihr strahlend vor Glück mit anderen Menschen zusammentrefft. Ihr lächelt die anderen an, sie werden angesteckt und besinnen sich ihrerseits auf die freudvollen Dinge in ihrem Leben. Und sie stecken mit ihrer Freude wieder andere an. Die Energiewelle fließt in die richtige Richtung: von innen nach außen, von einem zum anderen!

Nun gibt es bei euch einige Modelle von Geschenkkreisen, die diesem natürlichen Lauf entgegenarbeiten. Es wird nicht von innen nach außen geschenkt, wie es der natürlichen Energiewelle entsprechen würde, sondern die Äußeren sollen die zahlenmäßig Wenigen im inneren Kreis beschenken!

Ihr arbeitet also der Energiewelle entgegen und versucht künstlich, einen Gullieffekt zu erzeugen.

Das ist eigentlich kein Schenkkreis, sondern eher ein Geschenk-Erwartungs-Kreis, der zudem in die falsche Richtung arbeitet, entgegen dem natürlichen Lauf der Energie!

Irgendwann bleibt die Energie dann aus und die Unbeschenkten fordern ihre eingebrachte Leistung zurück.

Was daraus entsteht, ist Frust und Streit. Und das alles, weil ihr das Prinzip missverstanden und umgekehrt habt!

Ein wahrer Schenkkreis schenkt ohne Erwartung einer Gegenleistung von innen nach außen! Auch solltet ihr nur das schenken, womit ihr reichlich gesegnet seid. Ihr könnt immer nur das geben, was ihr selbst im Überfluss besitzt – das ist ein Naturgesetz!

Frage: Ich möchte gerne meinen Fluss der Fülle auf allen geistigen und irdischen Ebenen verbessern. Ist das in dieser Ebene überhaupt noch möglich oder erst in der nächsten?

Konfuzius
Wir schalten eine Verbindung über dein Hohes Selbst.

Liebe ..., gehe in deine innere Fülle, in das Gefühl des Seins, der Liebe und der Ausgeglichenheit mit allem, was ist! Pflege das Gefühl des erfüllten Seins! Und vermeide Gedanken des Mangels!

Nun ist es so, du hast deine Energien sehr weit gestreut, spüre in dich hinein, welche Energien und Anbindungen du wie verändern möchtest. Was liegt dir wirklich am Herzen und ist dir wichtig?

Überprüfe, ob es da etwas gibt, was du gern loslassen möchtest? Vergleiche Nutzen und Aufwand!

Spüre da in dein Inneres hinein!

Es geht bei dir auch sehr, sehr stark um Vertrauen. Vertrauen darauf, dass immer das da sein wird, was du benötigst! Und die innere Weisheit, was notwendig ist, was für dich wichtig ist, was dir am Herzen liegt. Oder ob da Objekte sind, die mehr Ballast sind als Freude?

Kläre das für dich! Und beobachte auch deine Gedanken und vertraue auf den Energiefluss!

Lasse dich nicht so schnell von deinen Gedanken aus dem Fluss herausbringen und beunruhigen!

Wir schlagen dir des weiteren vor, dass du dich mit Meister Kuthumi verbindest und 21 Tage lang seine Energie in dein Chakrensystem einfließen lässt, wenn du das möchtest. Du wirst dabei Visionen haben und Erkenntnisse auf dem Gebiet deiner Gedanken und Glaubenssätze, die dich im Moment im freien Fluss behindern!

Und du wirst dabei lernen, Stabilität, inneres Vertrauen, einen Zustand des Seins, des energetisch aktiven Wohlempfindens und der Fülle zu erleben und in dir selbst zu halten!

Frage: Ich habe das Gefühl, in einem von mir selbst erschaffenen Käfig zu sitzen. Ich traue mich nicht, mir Gutes zu tun und das anzugehen, was für mich wertvoll und wichtig ist. Ich möchte mich gern davon befreien, habe aber gleichzeitig Angst davor. Habt ihr einen Rat für mich?

Konfuzius
Liebe ..., wir danken dir für deine Frage!

Das Bild, welches du gebraucht hast, dass du in einem selbstgebauten Käfig sitzt, beschreibt die Situation sehr deutlich!

Du hattest einmal eine Inkarnation, in der dieses Gefühl auf massive Weise geprägt wurde.

Du hast damals in einer sehr hochgestellten, adligen Familie inkarniert. Du gehörtest zu den herrschenden Kräften einer Dynastie. Einerseits wart ihr von eurer Macht und Herrschaft überzeugt, andererseits hattet ihr euch eure eigene innere Freiheit durch Auferlegung von steifen Verhaltensregeln beschnitten. Du hast damals sehr unter dieser Etikette gelitten, die jede deiner Gesten, Bewegungen und Worte taxierte. Der Wunsch nach Befreiung war damals schon vorhanden, aber du hast dir nicht zugetraut, ihn zu realisieren. Nun klingt dieses alte Muster in deiner jetzigen Inkarnation wieder an.

Zu deinem Wunsch nach einem freieren, freudvolleren Leben möchten wir dir Folgendes sagen:

Erkenne, dass das Gefühl von Freiheit in deinem Inneren ist und erschaffen wird durch Gedanken und Gefühle!

Erschaffe dir Momente, wo du ganz bewusst im Hier und Jetzt bist, z.B.: indem du eine Speise genießt, indem du eine Berührung mit einem anderen Menschen tief empfindest mit all deinen Wahrnehmungsfasern. Versuche in den Erlebnissen deines Alltages, ganz klar ins Gefühl zu gehen.

Habe davor keine Angst! Deine Gefühle sind richtig, wichtig und wertvoll und werden dich bereichern und dir wertvolle Dienste erweisen auf dem Gebiet der Erkenntnis im Umgang mit anderen Menschen. Genieße die kleinen Momente deines Lebens ganz, ganz bewusst!

Trainiere dich darauf und du wirst feststellen, dass es geht. Du öffnest dabei eine Tür, die dich in ein Leben eintreten lässt, welches dich sehr bereichert.

Wir möchten dich ermuntern, bei ganz kleinen Dingen deines Alltages anzufangen, und sei dir gewiss, es wird sich dadurch sehr vieles zum Positiven wandeln! Sei gesegnet.

Frage: Wie erschafft man in seinem Leben Fülle und Wohlstand?

Kuthumi
Seid gesegnet, seid in der Liebe, das ist Kuthumi.

Als erstes möchten wir euch zwei polare Gefühle vermitteln: Das erste ist ein Gefühl der Begrenzung, der Angst, der Enge. Es animiert euch, auf „Nummer Sicher" zu gehen, und ist geprägt von Sorgen um die eigene Existenz. Wie fühlt es sich an? Eng, zusammenziehend, gehetzt.

Das andere Gefühl, ist ein Gefühl der Verbundenheit, Beschwingtheit, des Getragen-Seins, der warmen Ausbreitung – ein Zustand der Zufriedenheit mit der Gegenwart und freudvollen Visionen.

Was könnt ihr nun tun, um eure selbsterschaffene Lage zu verbessern?

1. Übernehmt die Verantwortung für den gegenwärtigen Zustand!

    Solange ihr glaubt, die anderen seien schuld, geht ihr in eine Opfermentalität, die nicht geeignet ist, um Veränderungen zu erschaffen!

    Verantwortung bedeutet, dass ihr euren Beitrag seht!

    Es waren nicht Gott oder der Teufel, die euch zu bestimmten Abschlüssen, Verträgen und Geschäften animiert haben. Ihr wart es! Erkennt das ganz klar!

    Solange ihr die Schuld abschiebt, fehlt euch die Energie der Veränderung!

    Wer unfähig ist, seinen Beitrag zu erkennen, sollte sich eine Zeitlang ein Notizbuch einstecken und all seine negativen Gedanken finanzieller Art notieren. Es könnte sein, dass ihr euch im Supermarkt bei der Frage ertappt: Kann ich mir das leisten? Dass ihr euch Sorgen darüber macht, wo ihr Aufträge für euren Handwerksbetrieb herbekommt? Ihr könntet Angst haben, dass euch der Geldautomat sagt: Nichts geht mehr!

    Werdet euch all dieser Gedanken bewusst! Das ist euer Beitrag!

Erst denkt ihr und strahlt es in eure Aura aus – dann sprecht ihr darüber und bringt es in Umlauf – dann handelt ihr entsprechend euren angstvollen Visionen.

Und am Schluss, wenn ihr bis zum Hals im Sand steckt, brüllt ihr: „Die anderen haben mich ruiniert!"

Geht in die Verantwortung, und die beginnt in eurem Kopf – mit den Worten, die ihr innerlich sprecht. Stoppt negative Gedanken und ersetzt sie durch positive!

2. Werdet euch eures eigenen Wertes bewusst!

Werdet euch bewusst, was ihr selbst von euch haltet! Wie sprecht ihr in eurem Inneren zu euch selbst? Wie bewertet ihr euch selbst? Sprecht ihr liebevoll und aufmunternd zu euch oder geht ihr hart mit euch selbst zu Gericht und findet nichts, was ihr tut, denkt oder sagt eure Zustimmung?

Mit diesen polaren Möglichkeiten erschafft ihr in euch Sicherheit oder Unsicherheit. Sicherheit erzeugt Fülle! Unsicherheit das Gegenteil! Wohlstand bedeutet, dass ihr euch wohl fühlt mit euch selbst! Es bedeutet auch, dass ihr für euch selbst und eure Sache eintretet! Dass ihr keine Verträge unterschreibt, bei denen ihr euch an die Wand gedrückt fühlt.

3. Der dritte Punkt beinhaltet Fairness. Er bedeutet Ausgeglichenheit im Geben und Nehmen!

Dass ihr sowohl eure eigenen Bedürfnisse beachtet als die eurer Partner und Mitarbeiter.

Auch da spiegelt sich die Dualität: Die einen arbeiten für ein „Vergelts Gott!" und versuchen vorschnell, ihre materiellen Bedürfnisse wegzurationalisieren. Die anderen träumen von dem einen großen Geschäft, das sie über Nacht reich macht. Gleiches zieht Gleiches an!

Der Mittelweg ist der, den ihr gehen solltet! Das bedeutet auch, dass ihr offen und ehrlich seid mit euren Geschäftspartnern, dass ihr anderen nichts zumutet, was ihr selbst nicht akzeptieren würdet.

4. Das Vertrauen in den Fluss der Dinge. Das bedeutet, dass ihr darauf vertraut, dass jeder Atemzug euch neuen Sauerstoff in die Lungen bringt, um eine Analogie zu verwenden! Alles ist im Fluss!

Es sei denn, ihr baut mit eurem Geld Dämme, auf denen ihr gluckt und sie angstvoll verteidigt, bis eine große Flutwelle kommt und sie wegreißt. Lernt mit Zuversicht, diesem Fluss zu vertrauen! Seid gesegnet, das war Kuthumi.

Missverständnisse in der Sprache

Konfuzius
Seid gesegnet, seid in der Liebe, das ist Konfuzius.

Auf der irdischen Ebene, in der Physis dieses Dualen Universums gebrauchen die Personen, welche inkarniert sind auf Planeten, zumeist die Sprache. Das gilt nicht nur für die Erde, sondern für mehrere Planeten dieses Dualen Universums. Im feinstofflichen Bereich kommuniziert ihr telephatisch, was Doppeldeutigkeiten und ein aneinander Vorbeireden ausschließt.

Durch die Kommunikation mit Worten sind viele Mißverständnisse entstanden. Ehemalige Freunde, Verwandte und Menschen, die sich geliebt haben, sind dadurch auseinandergegangen und meiden den Umgang. Es baut sich eine Kluft auf, die nicht sein müsste!

Und aus diesem Grund ist es uns ein Bedürfnis, über die Schwierigkeiten bei der Unterhaltung und deren anschließender Interpretation zu sprechen:

Eine weitverbreitete Gruppe, wo es zu Mißverständnissen kommt, sind Eltern und Jugendliche, Liebespartner, Arbeitskollegen und Nachbarn.

Erklären wir es an einem Beispiel:

Für Eltern ist es oftmals schwierig, sich damit abzufinden, dass das ehemalige Kind nun erwachsen wird und eigene Schritte geht, Interesse hat an Sexualität und sich zunehmend Freiheiten herausnimmt. Die Jugendlichen entwachsen der Fürsorge und schlagen ihre eigenen Wege ein, und viele Eltern betrachten diesen Schritt mit Besorgtheit. Dadurch kommt es zwangsläufig zu Reibereien und unbedachten Wortwechseln, die gespickt sind mit Vorwürfen, Vergleichen und Vermutungen. Worauf sich jede Partei mit ihrer Wut, ihrem Schmerz und zuschlagenden Türen zurückzieht.

Interessanterweise ist es so, dass ihr das, was ihr selbst in der Erregung von euch gebt, sehr rasch vergesst – ja, ihr würdet es sogar nach kurzer Zeit heftigst abstreiten, so etwas gesagt zu haben, wohingegen das, was ihr vom anderen hört, sich fest in euer Gedächtnis einprägt!

Und euer Schmerz und eure Enttäuschung werden diesen Satz zerpflücken, das Maximum an Schmerz heraussaugen und dann mit Schlussfolgerungen versehen:

„Sie lieben mich nicht! Ich war ihnen schon immer lästig! Wahrscheinlich sind sie froh, wenn sie mich endlich los sind! Sobald ich das Geld habe, ziehe ich aus, und dann lasse ich sie schmoren!"

Oder:

„Er ist genau wie Onkel Jack! Ein Trunkenbold und Weiberheld! Es wird nicht lange dauern, dann kommt uns die Polizei ins Haus. Was haben wir nur falsch gemacht? An welcher Stelle ist er uns entglitten?"

Und damit ist der Grundstein für eine Mauer gelegt! Und euer anschließendes Schweigen wird sie fest betonieren!

Ihr vergesst recht schnell, aus welcher Situation heraus der Wortwechsel entstanden ist, ihr lasst euch gefühlsmäßig treiben und krönt das Ganze mit beleidigtem Rückzug.

Wenn ihr bereit seid, etwas zu verändern, dann kommuniziert so, dass ihr rückfragt, damit sich überhaupt keine Mißverständnisse aufbauen.

Und redet auch darüber, welche Wortwechsel der Vergangenheit euch verletzt haben. Wundert euch nicht, wenn der andere nichts mehr davon weiß, das ist sehr menschlich. Manchmal ist es ein einziger Satz, der einen Keil zwischen euch treibt. Und vergesst dabei nicht, dass dieser Wortwechsel situationsbezogen war und keinen totalitären Charakter trägt. Klärt eure Barrieren! Sie erschaffen Einsamkeit, wo Freude sein könnte. Und das oft nur wegen einer Unachtsamkeit und einem Satz, der im Zorn ausgesprochen wurde.

Spätestens wenn ihr die irdische Ebene verlasst, werdet ihr euren Lebensfilm anschauen und mit den Szenen konfrontiert werden, wo der Grundstein für zwischenmenschliche Probleme gelegt wurde.

Dann werdet ihr auch erkennen, was Worte und verbohrte Einstellungen anrichten können, und ihr begreift sehr schnell, um was ihr euch selbst dabei betrogen habt. Zwei Menschen, die ursprünglich als Freunde durchs Leben gehen wollten, haben sich für den Rest dieser Inkarnation nichts mehr zu sagen.

Ist es das wert?

Oder wäret ihr gar bereit, es auf irdischer Ebene zu klären?

Denkt einmal darüber nach, das war Konfuzius.

Zeitebenen

Fragen zu den Zeitebenen beziehen sich auf die Aussagen im ersten Buch: ***Der Aufstieg der Erde 2012 in die fünfte Dimension***

Frage: *Die Durchsagen über die Zeit sind für mich nicht schlüssig nachvollziehbar!*
Der Planet Erde existiert auf einer materiellen Frequenzebene und ist in dieser Form selber in der Zeit fortschreitend, sich entwickelnd und frequenzerhöhend. Vergangenheit der Erde sind hologrammexistent. Will eine Seele in einer vergangenen Zeitepoche ein Spiel spielen, könnte das dann logischerweise nur hologrammartig geschehen, da die materielle Realität der Erde bereits in der Zeit weitergelaufen ist.

Konfuzius
Moment, wir möchten gerne bis dahin etwas sagen:
Der Denkfehler, der hier vorliegt, betrifft die Vorstellung, dass die physische Realität, auf der ihr euch befindet, die einzig materielle ist. Da liegt der Denkfehler!
Die anderen Realitätsebenen, die nicht auf eure Sinnesorgane ausgerichtet sind und in einer anderen Schwingungsfrequenz schwingen, sind ebenso physisch.
Was nun das Hologramm-Kino angeht, so ist das eine holistische Darstellung, in der ihr surfen könnt in der Geschichte, in der Akasha-Chronik der Erde. Und dabei geht es um die Auswahl einer künftigen Inkarnation. Ihr wählt euch also aus diesem Hologramm eine Rolle. Sobald ihr dann geboren werdet, zieht euch das Zeugungsritual vollautomatisch in die physische Realitätsebene eurer gewählten Zeit. Diese von euch gewählte Zeit, sowie alle anderen, existieren also tatsächlich, und zwar in physischer Form. Für alle Personen, die in den jeweiligen Zeitebenen geboren werden und in

einem physischen Körper heranwachsen, ist die Realitätsebene, in der sie sich befinden, die Erde!

Der Denkfehler liegt in der Annahme, dass der Planet Erde in physischer Form nur einmal existieren könnte. Er existiert viele Male auf dieser Zeitbahn – die Bahn, die die Erde zurücklegt beim Umkreisen der Sonne. Darin existieren in physisch unterschiedlicher Schwingung und unterschiedlicher Zeit die Erden. Aber wenn ihr euch auf einem solchen Planeten befindet, denkt ihr aus diesem Gesichtspunkt heraus, ihr befändet euch auf der Erde! Und dass sie die Einzige ist!

Das ist der Blickwinkel, den wir euch beschrieben hatten, aus dem Fächer heraus. Vielleicht ist das jetzt verständlicher?

Würdest du bitte den Brief weiter vorlesen!

Frage: Außerhalb dieser Logik bestände meines Erachtens nur die Möglichkeit, wenn man aus der zeitunabhängigen Ebene in die Zeit zurückginge, um in der materiellen damaligen Zeitrealität inkarniert zu werden. Das hieße aber, die in der damaligen Zeit materiell lebende Menschenzahl würde sich dort permanent verändern, was aus der materiellen Ist-Situation nicht Realität sein kann.

Konfuzius
Moment: Auf all diesen Realitätsebenen existieren Menschen! Es sind Persönlichkeiten darunter, die ihr zum Teil aus euren Geschichtsbüchern kennt. Und es ist stimmig, dass sich jede dieser Zeitebenen vorwärts bewegt in der Zeit und dass die darauf existierenden Menschen, die dort geboren werden, für die Zeit ihres Lebens auch dort verbleiben. Die Anzahl der Menschen ist in etwa mit der AkashaChronik gleich, auch mit der Zahl der Menschen, die ihr aus euren Geschichtsbüchern kennt. Aber sie ist niemals hundertprozentig konstant, da ihr über einen freien Willen verfügt, besteht auch die Möglichkeit, dass ihr diese Realitätsebene zu einem anderen Zeitpunkt wieder verlasst als ursprünglich geplant war. Es besteht des weiteren die Möglichkeit, dass ihr euren Kinderwunsch anders ausrichtet und verändert. Lies bitte weiter!

Frage: Um sich in der materiellen Realität (Schwingungsebene) zu erfahren, bedarf es für die Seele ja der Inkarnation in einem auch materiellen Körper, und dieser existiert nur in der materiellen Zeitdimension des Planeten Erde oder eines anderen Planeten in einer anderen materiellen Raumposition. Mehrere materielle Erdplanetrealitäten in Form einer Perlenkette sich überschneidend müssten logischerweise vom körperlichen Menschen auch gesehen werden können. Da das nicht der Fall ist, kann es meines Erachtens nur immer einen materiellen Erdplaneten in der Zeit geben.

Konfuzius
Gut, das genau ist der Denkfehler!

Wie wir bereits gesagt haben, eure Sinnesorgane sind ausgerichtet auf eine bestimmte Schwingungsfrequenz, und diese Frequenz filtert alles aus, was nicht in eurer Frequenz schwingt.

Wenn ihr z.B. in den Sternenhimmel schaut, dann seht ihr die Sterne punktförmig als kleine Leuchtpunkte am Firmament. Nun bewegen sich alle diese Sterne um die Sonne.

Wenn ihr jetzt mit einem Fotoapparat eine Langzeitaufnahme macht, dann könnt ihr wahrnehmen, wie sich die Sterne am Firmament vorwärtsbewegen auf einer bestimmten Bahn. Und diese Bahn, in der ihr euch bewegt, und zusätzlich die Drehung eures Planeten um sich selbst gaukeln euch das Phänomen Zeit vor. Und wenn ihr in den Himmel schaut, nehmen eure Augen die Planeten wahr, die in eurer Frequenz schwingen.

In Wirklichkeit würdet ihr lauter eliptische Schläuche sehen und viele Planeten, aber eure Sinnesorgane in der Physis nehmen das wahr, worauf sie eingestellt sind. Lies bitte weiter!

Frage: Diese wahrgenommene „Unlogik" ließe sich unter Umständen auflösen, wenn man von der Hypothese ausginge, dass die Seele, bevor sie inkarniert (auch mit Unterstützung des HologrammKinos), einen Film mit Aspekten / Teilaspekten von bereits verkörpert gewesenen Seelen auswählt, eingescannt erhält, um dann auf der Erde bestimmte nicht ausgelebte (nicht in Harmonie gebrachte) Lebensentscheidungen weiter zu spielen. Dann erleben wir alle Hologrammspiele körperlich live.

Die Reinkarnationstheorie ließe sich dann allerdings nicht mehr in der bisher angenommenen Weise halten, da dann jede Seele in der Regel nur einmal auf dem Planeten Erde wäre, gegebenenfalls mit wenigen Ausnahmen, da ja auf Seelenebene auch unser freier Wille die Richtung bestimmen dürfte.

Konfuzius
Gut. Die Theorie, die da angesprochen wird, gibt es beim Essener Wissen, und sie ist ein früher Versuch, das Hologramm-Kino und die Zeitebenen darzustellen. Sie ist aber in der Art und Weise, wie sie im Moment weitergegeben wird, nicht ganz korrekt.

Ihr teilt euch bei Betreten des Dualen Universums. Und die verschiedenen Körper, die zu dieser Gesamtseele gehören, die wir als Geschwister bezeichnet haben, machen Erfahrungen auf verschiedenen Planeten und unterschiedlichen Zeitebenen.

Und diese Erfahrungen des einzelnen Familienmitgliedes werden gespeichert im Hohen Selbst und außerdem in allen Geschwistern. So dass ein gemachter Entwicklungsschritt, den einer für sich erkannt hat, ebenso den Geschwistern und dem Hohen Selbst zur Verfügung steht.

Aber dieser Theorie liegt wiederum die Vorstellung zugrunde, dass es nur eine physische Erde gibt! Aus irdischer Sichtweise ist diese Vorstellung verständlich – ihr seht nun mal nur eine Realität!

Dennoch existiert die Erde viele Male in unterschiedlicher Zeit auf dieser eliptischen Bahn, die sie beim Umkreisen der Ursonne zurücklegt. Seid gesegnet, das war Konfuzius.

Kuthumi zu den Zeitebenen:
Wir segnen euch, das ist Kuthumi.

Viele von euch haben Schwierigkeiten mit der Vorstellung der Zeitebenen, mit unterschiedlichen Realitätsebenen, die voneinander getrennt sind, unterschiedliche Zeiten spielen und sich gleichzeitig in der Zeit vorwärts bewegen und dabei die Sonne umkreisen.

Wir wollten euch gern ein Modell anbieten, welches sinngemäß euren Blickwinkel auf die Zeit erklärt:

Stellt euch einen Bäckerladen vor, ein Geschäft mit vielen Ablagen und großen Glasvitrinen, und überall stehen Kuchen und Torten herum. Der Bäckermeister hat die ganze Nacht mit seinem Gehilfen gebacken und alle Kuchen und Torten sind komplett in 12 Stücke aufgeschnitten und keines fehlt. Jedes Backwerk besteht aus diesen 12 Einzelstücken, sie sind ordentlich aufgeschnitten und mit Zuckergusszahlen von eins bis zwölf nummeriert. Nun stehen die Kuchen und Torten in der Vitrine in unterschiedlichen Ablagen – sozusagen auf verschiedenen Etagen.

Stellt euch des weiteren vor, mit der Nummerierung sei ein Schwingungscode vergeben worden. Das Stück mit der Nummer 1 hätte eine andere Schwingung als die Nummer 2, 3 und so weiter. Und alle Torten und Kuchenstücke, die beispielsweise die Zahl 4 tragen, könnten nur immer die anderen Stücke sehen, die ebenfalls mit vier bezeichnet wären, wohingegen sie die 3er, 5er und alle anderen nicht wahrnehmen. Das gleiche gilt natürlich für alle Zahlen! Jeder 2er nimmt nur die 2er wahr, der 7er alle 7er, weil sie in der gleichen Frequenz schwingen. In der Vitrine und in sämtlichen Ablagen stehen komplette Torten, aber die einzelnen aufgeschnittenen und nummerierten Stücke nehmen nur Teilausschnitte des Ganzen wahr, die ihrer Schwingungsfrequenz entsprechen.

So ähnlich ist euer Blickwinkel in den Sternenhimmel! Ihr seht nur die Sterne, die für eure Augen eine sichtbare Schwingungsfrequenz aussenden.

Egal auf welcher Zeitbahn der Erde ihr euch befindet, euer Blick in den Sternenhimmel wird euch stets ein stimmiges Bild vermitteln, denn 12er sehen immer nur 12er!

So, das war jetzt das Bäckerladenmodell! Seid gesegnet!

Frage: Ich habe ein Problem mit den Zeitebenen! Meine Dualseele hat mir neulich gesagt, wer sie im letzten Leben gewesen ist. Und dann gab es noch ein anderes Leben ca. 100 Jahre später, aber als letztes hätte sie das im 17. / 18. Jahrhundert gehabt, was zeitlich eigentlich vor diesem letzten Leben kommen müsste. Das hat mich wieder vollends durcheinander gebracht! Wieso geht das denn nicht in der richtigen Reihenfolge?

Konfuzius
Sei gesegnet, sei in der Liebe, das ist Konfuzius.

Gut, wir werden versuchen, treffende Worte zu finden, um dir das zu erklären, womit du Schwierigkeiten hast!

Es kommt nicht darauf an, dass die Zeitebenen in der „richtigen Reihenfolge" besucht werden!

Sobald ihr euch außerhalb der Materie befindet – in den Lichtwelten spielt Zeit keine Rolle.

Das Angebot an Zeit ist immer komplett vorhanden!

Das gesamte Spektrum an Geschichte, was ihr erinnern könnt auf eurem Planeten und noch einiges mehr, was euch bereits abhanden gekommen ist an geschichtlichen Aufzeichnungen, ist immer präsent.

Und ob du nun ins 17. Jahrhundert gehst und danach ins 20. und dann wieder ins 19., das ist egal!

Die Reihenfolge ist nicht wichtig! Es gibt immerzu alle Zeiten!

Bemerkung: Eigentlich habe ich das schon begriffen, aber vorstellen kann ich es mir trotzdem nicht!

Konfuzius
Du musst es dir nicht vorstellen können! Vertraue darauf, dass deine Seele damit umgehen kann!

Frage: Habe ich schon viele verschiedene Zeitebenen im Laufe meines Inkarnationszykluses benutzt?

Konfuzius
Sicher! Aber genau können wir dir das nicht sagen und schon gar nicht die Anzahl, weil es zu unbedeutend ist. Diese Zeitebenen sind wie benachbarte Räume, und du hältst dich für ein Leben in einem solchen „Raum" auf, und beim nächsten Mal benutzt du entweder

wieder denselben, wobei er natürlich in der Zeit fortgeschritten ist, oder einen anderen. Es ist unwesentlich, wie oft du beim Inkarnieren die Zeitebene wechselst, es ist so unbedeutend, dass es nicht einmal verzeichnet wird.

Deiner Seele ist es egal, ihr geht es um die persönliche Erfahrung, die dabei gemacht wird und nicht um die Nummerierung der Kulisse!

Es geht immer um die Erfahrung und nicht um den Raum!

Sei gesegnet, wir verabschieden uns.

Naturkatastrophen und klimatische Schwankungen

Frage: Wieso gibt es jetzt so viele Naturkatastrophen?

Kuthumi
Seid gesegnet, seid in der Liebe, das ist Kuthumi.

Eure Erde, eure Zeitebene, auf der ihr euch befindet, steigt auf ins Paralleluniversum und dabei macht sie einen Reinigungsprozess durch. Das ist so ähnlich wie die schwingungsmäßige Erhöhung eurer feinstofflichen Körper. Genauso geht es auch der Erde!

Sie ist ein lebendes Wesen, ausgestattet mit Bewusstsein, und durch den Aufstieg erhöht sie ebenfalls ihre Schwingung.

Die Überschwemmungen der Erde sind vergleichbar mit euren Gefühlswallungen. Die Vulkanausbrüche und Erdbeben sind innere gewaltsame Kräfte, die sich ausdrücken. Die Stürme entsprechen der Kraft eurer Gedanken.

Damit entspricht das Wetter nicht mehr euren früheren Gewohnheiten, die Jahreszeiten können sich dabei zeitlich verschieben, und zeitweise geht es etwas chaotisch zu, so wie in eurem Körper auch. Das bringt die Schwingungserhöhung mit sich!

So schlimm wie sich im Fernsehen auch Naturkatastrophen darstellen mögen, so möchten wir euch auch versichern, dass bei all diesen Ereignissen unter den Menschen auch sehr positive Erfahrungen gemacht werden. Sie packen gemeinsam an, helfen sich gegenseitig, und viele haben wundersame Randerlebnisse, die ihnen manchmal erst später zu Bewusstsein kommen und die nicht auf herkömmliche Weise erklärbar sind.

Was besonders positiv ist, ist der neu erweckte Gemeinschaftssinn – ein Zusammengehörigkeitsgefühl, was die Menschen füreinander öffnet. Plötzlich ist ihnen der Nachbar nicht mehr egal! Fremde werden aufgenommen, weil sie in Not sind. Trauernde werden liebevoll in den Arm genommen.

Das sind Erfahrungen, die in eurer Entwicklung sehr positiv sind, trotz aller erlittener materieller Verluste!

Es wäre schön, wenn ihr auch ohne äußere Katastrophe füreinander da wäret!

Frage: Bei solchen Katastrophen wird aber sofort wieder nach einem Schuldigen gesucht. Manche kreiden es Gott an, andere beschweren sich über die Ämter, dass sie nicht früh genug gewarnt haben.

Kuthumi
Schuld ist der Aufstieg! Das war jetzt ein Scherz!

Manche Menschen befinden sich in einem inneren Kampf mit Gott, mit der Kirche, mit der Regierung, mit der Verwaltung, mit dem Chef, dem Ehepartner und vor allen Dingen mit sich selbst!

Viele Menschen sind z.B. aus der Kirche ausgetreten, weil sie sich für deren ehemals begangene Fehler rächen wollen.

Wenn der Mensch weise genug ist und in seiner Mitte, dann wird er erkennen, dass die Kirche, die Bank, die Regierung, die Verwaltung und dergleichen nur aus einzelnen Menschen bestehen, aus Menschengruppen, und dass es menschlich ist, Fehler zu machen!

Es gibt niemanden, der von sich behaupten könnte, er habe niemals etwas falsch gemacht. Und in jedem gemachten Fehler steckt die Erkenntnis: Das war der falsche Weg! Ihr solltet eure Fehler ehren und publik machen anstatt sie unter den Teppich zu kehren!

Frage: Wird sich die Erde wieder beruhigen?

Kuthumi
Diese Beruhigung wird parallel zu den Menschen einsetzen, wenn sie ihr inneres Gleichgewicht erreichen. Dann ist die Zeit dafür reif!

Die Erde verschafft euch jetzt sinnvolle Arbeiten, solange ihr glaubt, sie noch zu benötigen, bis ihr bereit seid, euch den Lebensbedingungen im Paralleluniversum anzupassen.

Viele von euch senden über ihre Gedanken aus: Es herrscht ein Mangel an Arbeit!

Glaubt ihr, diese Gedanken seien wirkungslos und würden ungehört verschallen?

Werdet euch der Macht eurer Gedanken bewusst! Klärt eure Gedanken und dann schreit nach dem, was euch wirklich am Herzen liegt! Seid gesegnet, das war Kuthumi.

Frage: Ich habe noch eine Frage zu unseren aktuellen Klimaverhältnissen. Mir ist bewusst geworden, dass wir letztes Jahr ziemlich stark mit dem Thema Wasser zu tun hatten, und dieses Jahr kommt es mir so vor, als würde das Thema Feuer im Vordergrund stehen. Ist zu erwarten, dass die Elemente Luft und Erde in den nächsten Jahren zu ähnlicher Bedeutung gelangen?

Konfuzius
Sei gesegnet, sei in der Liebe, das ist Konfuzius.

Auf die Zukunft bezogen möchten wir da keine detaillierten Auskünfte erteilen. Es ist in eurer Zeitebene, mit eurem Planeten so, dass er sich 1987 aus der dreidimensionalen Verankerung gelöst hat, und damit begannen klimatische Störungen, die am Anfang noch ganz sanft waren. Dieses Phänomen wird anhalten in der derzeitigen Art und Weise, so dass die Elemente sich austoben, dass es Wirbelstürme gibt, Vulkanausbrüche, Überschwemmungen, Erdbeben und Brände noch für eine gewisse Zeit. Ab dem Jahre 2012 könnt ihr allmählich mit einer Wetterberuhigung rechnen. Sobald sich die Erde in der fünften Dimension verankert hat, werden sich diese besonderen Auswüchse beruhigen!

Aber für eine gewisse Zeit, während dieser Schwingungserhöhung, wobei euer Planet in eine andere Dimension getragen wird, wird eure Erdachse nicht immer den korrekten Neigungswinkel aufweisen.

Dabei kommt es zu klimatischen Erscheinungen, die sonst für andere Gebiete üblich sind. Das Ganze wird unterstützt durch den Aufruhr, der durch das menschliche Bewusstsein geht – auch dadurch werden klimatische Erscheinungen hervorgerufen.

Viele Menschen, die sich in eurer Ebene befinden, sind sehr unausgeglichen, und diese inneren Spannungen senden sich auch aus in die Atmosphäre. Eure Ängste und Zweifel werden aufgenommen von der Luft, und so wie sich das Wetter über den gesamten Planeten ausbreitet, entlädt sich auch eure innere Spannung. Deswegen sagen wir euch immer wieder, dass es wichtig ist, dass ihr lernt, in eure innere Balance zu kommen! Eure innere Balance wird auch diese wettermäßigen Unbilden beruhigen.

Ihr könnt sie nicht total verhindern, das ist nicht möglich, aber wir können euch versichern, dass ab dem Jahre 2012 eine Beruhigung eintreten wird, die auch die klimatischen Verhältnisse allmählich wieder normalisiert. Seid gesegnet!

Der Eintritt der Erde ins Paralleluniversum

Frage: Wie weit sind eigentlich die Erde und auch die Menschen vorangeschritten auf ihrem Weg ins Paralleluniversum?

Die Acht

Konfuzius
Ihr werdet jetzt mit jedem Tag immer stärker. Der Energiefluss in euch hat sich gut etabliert! Ihr werdet immer lichtvoller. Das geht auf der Erde vielen Menschen so, wenn sie es annehmen können.

Nun gibt es einige von euch, die interessieren sich sehr für diesen Prozess des Aufstieges der Erde, des Durchlichtungsprozesses eures Körpers. Und ihr fragt euch dann, wie weit sind wir denn jetzt gekommen?

Wir möchten euch gern ein Bild dazu vermitteln, welches sozusagen die kollektive Schwingung eures Planeten sinngemäß darstellt!

Die Zeichnung sieht folgendermaßen aus:

Nehmt euch ein Blatt Papier und zeichnet darauf zwei Kreise, einen unten und einen weiter oben, der Abstand zwischen beiden beträgt etwa 2 cm.

Der untere Kreis symbolisiert den dreidimensionalen Schwingungsrahmen der Erde, die Zeitbahn, die Geschichte, das grobstoffliche Universum. Der obere Kreis ist die feinstoffliche Welt, euer Paralleluniversum.

Zeichnet nun mit einem Stift um diese beiden Kreise eine Acht, so dass in der Mitte eine Schnittstelle entsteht.

Stellt euch vor, diese Acht würde die Bewegung der Erde durch die Zeit darstellen. Erst läuft sie um den unteren Kreis und durchläuft dabei die dreidimensionale Geschichte, dann hebt sie sich ab, passiert die Schnittstelle und gelangt in die Umlaufbahn des oberen Kreises – in den feinstofflichen Bereich.

Eure Erde ist aus dem Einflussbereich der Dreidimensionalität im Jahre 1987 herausgetreten, ihr habt euch langsam abgelöst vom unteren Kreis und bewegt euch in Richtung Schnittstelle der Acht, mittlerweile habt ihr die Schnittstelle überschritten und kommt damit immer intensiver in den Einfluss des feinstofflichen Universums.

Der Übergang von einem Universum ins andere beträgt nach irdischen Zeitbegriffen etwa 25 Jahre. Bis zur Mitte dieser 25 Jahre vom Jahre 1987 an gerechnet, standet ihr noch sehr intensiv im Bannkreis des grobstofflichen Universums. Diese 25 Jahre werden im Jahre 2012 vollendet sein!

Jetzt habt ihr die Schnittstelle der Acht überschritten, wobei das Magnetsystem der Erde umgestellt wurde, um sich der feineren Schwingung im Paralleluniversum anzupassen.

Und damit werden sich auch die Dinge, an denen ihr manchmal früher gezweifelt habt, die Verwirklichungen eurer Wünsche und Ideen, die ihr schon früher umsetzen wolltet, jetzt eher materialisieren.

Wie gesagt, bis zur Mitte dieser 25 Jahre standet ihr unter dem Einfluss der dritten Dimension und ihres trägen Spielrahmens, der gezeichnet ist von Vergeltung und Ausgleich, von Gut und Böse, wo eine intensive Polarität herrscht.

Nun, da ihr die Schnittstelle überschritten habt, werden sich eure Ziele immer besser und leichter durchsetzen. Sie setzen sich für alle Menschen durch, auch für jene, deren Gedanken im negativen Bereich zu Hause sind!

Im Jahre 2012 werdet ihr fest im feinstofflichen Schwingungsrahmen integriert und ab diesem Zeitpunkt werden sich eure Wünsche und Ideen mit spielerischer Leichtigkeit durchsetzen.

Natürlich ist es dabei von Vorteil, wenn ihr wisst, was ihr wollt! Diese Informationen wollten wir euch gerne geben!

Frage: Könntest du uns etwas über den Aufstieg erzählen?

Konfuzius
Der Zeitpunkt, als sich eure Realität aus dem dreidimensionalen Spielrahmen ausgeklinkt hat, war nach eurer Zeitrechnung 1987.

Wir hatten euch das Bild von der Perlenkette vermittelt, die euch Meister Kuthumi im ersten Buch erklärt hatte. Diese verschiedenen Perlen sind Zeitebenen der Erde, und sie existieren alle.

Ihr befindet euch sozusagen auf einem irdischen Zeitrahmen. Und solange eure Realität fest in der Kette verankert war, befandet ihr euch in der 3. Dimension und dort war euer Spielrahmen durch die Akasha-Chronik recht festgelegt. Jede Realitätsebene (jede Perle) durchläuft das gleiche geschichtliche Programm. So ähnlich wie ihr über eure Fernseher in allen Haushalten dasselbe Programm empfangt. Wenn ihr euch dann noch vorstellt, dass der Ort, der östlich von euch liegt, eine Sendung eine Stunde vor euch empfängt und ein anderer Ort, der westlich von euch liegt, diese Sendung eine Stunde nach euch auszustrahlen beginnt, so ähnlich werden die Zeitepochen nacheinander, aber auch gleichzeitig bespielt. Schließt nun bitte nicht daraus, dass eure Nachbarrealitätsebene nur eine Stunde

Zeitunterschied zu euch hätte – euch trennen Jahre!

Dabei werden die Spiele durch den Willen des Menschen beeinflusst und vom Original leicht abweichen.

Während eures Inkarnationszykluses war diese „Perlenkette" euer Tummelplatz des Vergessens.

Und nun ist der Zeitpunkt da, wo euer göttlicher Funke und eure Bewusstheit eine Strahlkraft erreichen, so dass ihr spürt, dass das, was ihr hier im Irdischen als Leben spielt, nicht alles sein kann.

Und durch diese vage Feststellung kommt ihr in Berührung mit eurem inneren göttlichen Potential die Erinnerung bricht auf!

Ihr seid also nicht zufällig in eine aufsteigende Realitätsebene geboren wurden! Niemand von euch ist durch einen Irrtum hier! Im Gegenteil, ihr seid reif für diesen Schritt!

In der anderen Realitätsebene, im Paralleluniversum, werdet ihr im Jahre 2012 ankommen. Und ihr werdet dabei vorbereitet auf jeden Schritt eurer Entwicklung!

Schon bevor ihr in diese Inkarnation gegangen seid, habt ihr euch Ereignisse erdacht, die euch beim Erwachen helfen sollten, und ihr erhofftet in dieser Inkarnation eine neue Einstellung, eine neue Sichtweise auf eure Lebenssituation zu bekommen.

Die physische Realität, auf der ihr euch befindet, ist wie ein gigantisches Hologramm, und sie erhebt sich mit euch zusammen. Und wenn sie im Jahre 2012 im Paralleluniversum eintrifft, kommt es zu einer Verschmelzung mit einem höherschwingenden Planetenbewusstsein der Erde. Es handelt sich dabei um keinen sichtbaren, aber um einen spürbaren Prozess, der Stabilität reinbringt, so dass ihr euch leichter mit den anstehenden Veränderungen tut. Eure gesellschaftlichen Strukturen und Machtgefüge sind davon betroffen, sie werden auf positive Weise in eurem Tempo den Gegebenheiten eines feinstofflichen Planeten angeglichen. Seid euch gewiss, dass es für jeden von euch eine Bereicherung sein wird. Ihr geht einer positiven Zeit entgegen!

Frage: Du sagtest zwar, wir sollten uns keine Gedanken über den Aufstieg und diese ganze Transformation machen, aber ich habe doch eine Frage:

Wenn wir in den Schwingungsbereich der 5. Dimension hineingehen, werden wir dann unseren physischen Körper behalten? Geht auch die irdische Umgebung mit oder gibt es da Veränderungen?

Konfuzius
Ihr steigt mit eurem Körper und dem Planeten gemeinsam auf!

Diese ganzen Transformationen, welche auch auf der Erde geschehen und die verbunden sind mit rhythmischen Schwingungserhöhungen und dem Loslassen von Blockierungen geschehen über einen Zeitraum von 25 Jahren. Eure Erde ist in demselben Transformationsprozess wie ihr selbst!

Manchmal spürt ihr, dass ihr mit einer neuen Schwingungserhöhung im ersten Moment nicht so recht klar kommt, dabei könnten körperliche Beschwerden auftreten, plötzliche Fieberschübe oder emotionale Unausgeglichenheit, Vergesslichkeit und dergleichen mehr. Diese Vorkommnisse können vorübergehend euer inneres Gleichgewicht beeinflussen, und sie sind für euch eine Aufforderung, mehr achtzugeben auf eure innere Balance, einen geradlinigen, wahrhaftigen Lebenswandel, innere

Liebe und positive Ausrichtung. Auch wäre es von Vorteil, wenn ihr der Überzeugung wäret, dass euer physischer Körper diese Schwingungserhöhungen ganz normal aufnimmt, sich innerlich angleicht und stets zur Balance zurückfindet!

Ihr steigt also gemeinsam mit eurer Erde auf und mit dem Körper, den ihr im Spiegel seht!

Manchmal, wenn ihr spirituelle Seminare besucht, erreicht euer Körper durch die Übungen bereits die 5. Schwingungsdimension, die sich dann, wenn ihr wieder zu Hause seid, allmählich verringert. Ihr spürt das deutlich!

Frage: Lieber Meister Konfuzius, du hast uns erzählt über den Aufstieg der Erde und dass die Menschen, die diesen Entwicklungsschritt jetzt nicht gehen möchten, sich verabschieden. Ich bin in verschiedenen Vereinen, und die vielen Menschen, die sich dort treffen, haben überhaupt keine Ahnung von diesen Vorgängen. Sie sind zum Teil noch sehr jung, und ich frage mich, werden die sich jetzt alle verabschieden oder erfahren sie diese Bewusstseinserweiterung auf anderem Gebiet?

Konfuzius
Jeder Mensch verfügt über seinen persönlichen Plan, wie er sein eigenes Bewusstsein entfalten möchte. Und nicht jeder Mensch, der mit Spiritualität nichts am Hut hat, wird sich automatisch verabschieden! Das ist nicht der Fall!

Ebenso ist Spiritualität keine Garantie für den Aufstieg! Auch auf diesem Gebiet tummeln sich Menschen, die leichtgläubig sind und voll von negativen Überzeugungen. Das Kennzeichen von einem erfolgversprechenden Aufstieg ist Wahrheitssuche, Aufrichtigkeit, Offenheit und der Wille, gemeinsam etwas Besseres zu erschaffen!

Der Weg der Spiritualität ist also keineswegs sicherer als irgendein anderer!

Manche Menschen durchleben diese Transformation in der Geborgenheit und Liebe ihrer Familie, sie erleben das Wunder der Geburt ihrer Kinder und beobachten, wie sich deren Charakter entfaltet. Allein diese Beobachtung bewirkt in ihnen massive Transformationsschritte, sie verändern ihre Lebensweise und korrigieren Einstellungen, und das Ganze tun sie geradezu vollautomatisch.

Andere fühlen sich mehr zu Mentaltraining und positivem Denken hingezogen, wieder andere interessieren sich für ihre eigene Psyche. Die Art und Weise, wie sich jemand entfaltet, ist unterschiedlich!

Ihr habt den spirituellen Weg gewählt, und manchmal seid ihr geneigt zu glauben, es sei der Einzige!

Aber es ist nur ein Weg von vielen möglichen.

Und es ist auch nicht so, dass ihr, wenn ihr den Namen eures Hohen Selbstes nicht kennt oder ein spirituelles Ereignis verpasst und nicht alle Informationen, die in diesem spirituellen Getriebe produziert werden, als unumstößliche Wahrheit annehmt, dadurch euren Aufstieg vermasselt.

Das ist nicht der Fall! Da könnt ihr ganz beruhigt sein! Manchmal würde euch eine gesunde Portion Skepsis sogar gut tun. Wenn ihr verbunden seid mit euren Gefühlen, erspürt ihr, wo die Wahrheit geschrieben steht und welche Texte Sensationslust und Angst fördern. Es ist genaugenommen eure Leichtgläubigkeit und Selbstverleugnung, die andere vom spirituellen Weg abschreckt!

Wenn ihr versucht, etwas zur Schau zu stellen, was ihr nicht wirklich seid, bringt euch das auch nicht voran. Der spirituelle Weg ist nicht sicherer als irgendein anderer!

Verabschieden tun sich diejenigen, die über sehr lange Zeit nicht Herr werden über ihre Ängste, die voll sind mit einengenden übelsten Überzeugungen, die sich selbst verloren haben, Hass und Opfermentalität ausstrahlen und nicht bereit sind, dazu zu lernen! Sie werden gehen und tun es bereits seit einiger Zeit. Sie kommen zurück in den jenseitigen Bereich und erholen sich erst einmal von dieser anstrengenden Inkarnation. Und zu einem späteren Zeitpunkt kehren sie in die dritte Dimension zurück, in den Zeitrahmen, der ihrer Entwicklung entspricht.

Frage: Ich habe eine Mitteilung bekommen, in der steht, dass für den 12. 8. 2003 ein Experiment geplant ist, welches den Planeten Erde zeitlich zurückwerfen könnte und somit den Aufstieg ins Paralleluniversum hinauszögern könnte. Was ist eure Meinung dazu?

Konfuzius
Seid gesegnet, seid in der Liebe, das ist Konfuzius.
Meine Liebe – was für eine „schöne" Horrornachricht!
Lasst euch von solchen Aussagen nicht aus dem inneren Gleichgewicht bringen! Das ist Sinn und Zweck, weswegen ihr sie erhalten habt!
Nichts, keine Macht der Technik, ob nun irdisch oder außerirdisch, könnte diesen Aufstieg verhindern! Der Aufstieg **ist**! Und ihr seid mittendrin! Lasst euch nicht beunruhigen!
Der Aufstieg ist so sicher, wie ihr einen Körper habt, den ihr im Spiegel betrachten könnt. Es ist ein universelles Ereignis! Der Einfluss, den ihr auf diesen Aufstieg habt, ist relativ gesehen begrenzt.
Ihr habt die freie Wahl, ob ihr persönlich mit aufsteigen möchtet, und ihr habt Einfluss, in welchem Tempo sich die positiven Veränderungen in eurem kollektiven Leben etablieren werden. Aber auf das planetare Geschehen habt ihr keinen Einfluss – der Planet steigt auf und alle, die bereit sind, mitzugehen, die nimmt er mit.
Natürlich gibt es Experimente und den Versuch der Einflussnahme, und sie sind auch „sehr" machtvoll – ungefähr so, als würdet ihr mit einer 20 Watt-Birne die Sonne blenden!

Gut! Wir werden euch eine Analogie zu dem vermitteln, was da gerade abläuft:
Angenommen, eure aufsteigende Zeitebene sei ein Flugzeug. Euer Startflughafen war die dritte Dimension und das Ziel die fünfte Dimension im Paralleluniversum. Das Flugzeug fliegt vollautomatisch mit Autopilot.

Die Passagiere darin vertragen den langen Flug, der 25 Jahre dauern soll, unterschiedlich gut. Manche fühlen sich sehr wohl, andere können die Höhenluft schlecht vertragen und werden davon aus ihrem gewohnten Trott gerissen, Einzelne geraten sogar so in Panik, dass sie aussteigen möchten.

Plötzlich taucht da ein Ufo auf. Die Insassen des Ufos betrachten interessiert das guterhaltene Flugzeug auf seinem langen Flug, und sie spielen mit der Idee, was wäre, wenn wir dieses schöne Flugobjekt in unseren Besitz bringen könnten?

Sie nehmen also Funkkontakt zu einigen Insassen des Flugzeuges auf, versprechen ihnen technische Neuerungen im Austausch gegen Experimente, die sie gern an der Besatzung durchführen möchten.

Die Kontaktierten sagen sich, was scheren uns die anderen Mitreisenden, wenn wir dadurch so tolle Erfindungen von diesem Ufo erhalten! Durch die Erfindungen werden wir die Herrscher des Flugzeuges (zumindest in der Einbildung).

Die Außerirdischen stellten bei ihren Untersuchungen fest, dass jeder Mitreisende eingebettet ist in einen eigenen Schwingungspegel, der ein Wellenmuster erzeugt und ausstrahlt. Dabei beobachteten sie, dass diejenigen, die das Flugzeug verließen, zuvor ein Panikmuster erzeugten und danach waren sie weg!

Sie überlegten, was wäre, wenn sie dieses Panikmuster in einen Sender einpflanzten, der es ausstrahlte? Würde es dazu beitragen, das Flugzeug zu leeren? Ein leeres Flugzeug war ihren Vorstellungen sehr viel dienlicher. Sie realisierten dieses Experiment.

Einige der Mitreisenden, die so einen Sender erhielten, sprachen darauf an, sie wurden aus ihrem Gleichmaß gerissen und gerieten in Turbulenzen. Auf andere hatte dieser Sender keinerlei Wirkung, ihr eigenes Wellenmuster hatte soviel friedliche Stabilität, dass es nicht im mindesten beeinflusst wurde.

Diejenigen, die durch den Sender in Turbulenzen gerieten, begannen hektisch, ihren Platz aufzuräumen, schauten ihr Gepäck durch und warfen Gegenstände weg, danach wurden sie allmählich ruhiger, ganz offensichtlich vertrugen sie die Höhenluft jetzt besser und die Wirkung des Senders ließ nach.

Die Ufo-Mannschaft spürte, dass ihre Einflussnahme durch den Sender nicht den gewünschten Effekt hervorbrachte, und sie ersann sich etwas Neues. Mit Hilfe ihrer Kontaktleute in dem Flugzeug erstellten sie einen Plan:

Wenn wir unsere Leute so verteilen, dass sich ein Netz durch das Flugzeug spannt, und wir sie dazu verleiten, dass sie mit ihren Ärmchen die Fenster aufdrücken und heftig rudern, dann wird damit die Flugbahn beeinträchtigt.

Sie bereiteten also das Experiment vor und verteilten ihre Leute auf den vorgesehenen Plätzen. Und jetzt kam ihnen die Idee: Wir könnten den Effekt noch vergrößern, wenn wir diejenigen, die noch mit Turbulenzen auf den Sender reagieren, von unserem Vorhaben unterrichten. Wenn sie daran glauben, dass unsere „Männlein" mit ihren „Ärmchen" das Flugzeug vom Kurs abbringen, dann haben wir gewonnen!

Bei allem Respekt, den wir vor eurer Größe und eurem Können haben, so bleibt doch der Aufstieg der Erde ein globales Geschehen, welches auf jeden Fall stattfindet – mit oder ohne euch – den Part dürft ihr wählen!

Seid gesegnet, seid in der Liebe, das war Konfuzius!

Finanzwirtschaft und Arbeit

Frage: Wie wird sich die Finanzwirtschaft umstrukturieren?

Konfuzius
Seid gesegnet, seid in der Liebe, das ist Konfuzius.

In eurer Zeitebene sind die bestehenden Strukturen zur Zeit so, dass sehr wenige Menschen über einen sehr großen Kapitalanteil verfügen und die breite Masse der Bevölkerung teilt sich ca. 10 bis 15 % des Weltkapitales. Die Verteilung ist ein Erbe aus der 3. Dimension.

Diese heftige Bündelung hat vor ca. 250 bis 300 Jahren begonnen. Zuvor war es üblich, dass man Geld akzeptierte, um den Handel zu vereinfachen. Das Geld etablierte sich mehr und mehr, und es wurden nur noch selten Waren gegen Waren getauscht. Dadurch bekam jeder Artikel, jede Leistung einen bestimmten Wert und der Austausch geschah über Münzgeld.

Zum oben genannten Zeitpunkt hatten einige sehr einflussreiche Familien die Idee, Banken zu gründen, Bankhäuser zu errichten! Damals wurden die ersten Banken eröffnet. Zuvor dienten Goldschmieden zur Unterbringung von Wertgegenständen.

Die ursprüngliche Idee hinter der Gründung von Bankgesellschaften war, ein sicheres Gebäude zu schaffen, damit nicht jeder seine Ersparnisse zu Hause aufbewahren musste.

Jeder konnte sein Geld dort sicher und geschützt gegen ein Entgelt zur Aufbewahrung hinbringen.

Auf diese Art und Weise sind eure Banken entstanden!

Nun, da sie das viele Geld von anderen Menschen in Verwahrung hatten, die sich davon holten, wenn sie etwas kaufen wollten, nahm das Ganze andere Formen an:

Findige Personen kamen auf die Idee, dass man doch mit dem eingelagerten Geld Geschäfte machen könnte! Sie kamen auf die Idee, dass Personen, die zu wenig Geld für ein Geschäft hatten, die benötigte Summe geliehen bekamen und sie gegen Zinsen in Raten zurückzahlen konnten.

Zur selben Zeit begann die Industrialisierung, es gab die ersten größeren Produktionsstätten, die über das bisherige Handwerkertum hinausreichten. Die Banken witterten dabei gute Geschäfte!

Gleichzeitig wurde dem Boden ein Wert beigemessen, das Land vermessen und Häuser stiegen im Wert. Das Papiergeld wurde erfunden und mit ihm kam die Unübersichtlichkeit.

Im Laufe der Jahre weitete sich das alles immer mehr aus, immer weitere Bankfilialen wurden gegründet, und es gab eine starke Vernetzung.

Ihr alle kennt ein Spinnennetz: Da gibt es im Zentrum den Knoten, wo die Fäden zusammenlaufen, so ähnlich könnte man die finanzielle Verkettung eurer Banken darstellen.

Es gibt auf der Erde einige sehr große, mächtige Banken mit großen, kraftvollen Spinnennetzen, und dann gibt es wiederum eine größere Anzahl kleinerer Banken mit Unternetzen, die verwoben sind mit den größeren Netzen. Die größeren Spinnennetze diktieren den Börsen- und Marktwert, sie geben vor, welche Zinsen aktuell sind und welche Gesetze beim Geldverleih gelten. So könnt ihr euch das vorstellen!

Da gibt es einige reiche Familien, die im Spinnennetz sitzen und die Fäden, die sie vor 300 Jahren zu ziehen begonnen haben, in der Hand halten. Der Geldfluss bewegt sich von den gespannten Fäden zum Zentrum hin!

Das bedeutet, dass diese wenigen Menschen, allein durch ihre Geburt in eine bestimmte Familie, über einen Geldzufluss verfügen, den sie in hundert Leben nicht ausgeben könnten!

Betrachten wir uns nun eine andere Perspektive:

Eine Person wird auf der Erde in einer mittelständischen Familie geboren, und ihr ist es wichtig, mit der Familie in einem Haus zu leben. Sie verfügt aber nicht über das nötige Kapital, um ein Haus zu erwerben. Also geht sie zur Bank, um sich das fehlende Geld zu leihen. Manche Kredite sind so strukturiert, dass die geliehene Summe doppelt bis dreifach in Raten zurückgezahlt wird.

Angenommen, die Familie nutzt das Haus dreißig Jahre lang, danach wird es verkauft, es findet ein Besitzerwechsel statt. Der nächste Besitzer geht ebenfalls zur Bank, er nimmt auch Geld auf und beginnt nun seinerseits, das erworbene Haus zwei bis dreimal zu bezahlen.

Gewinner dabei ist immer die Bank!

In der Geschichte gab und gibt es immer wieder Phasen, wo die Wirtschaftsstrukturen zu erlahmen beginnen, das ist dann der Fall, wenn über eine längere Zeit Frieden geherrscht hat, das Land aufgebaut und die Konjunktur ausgeschöpft ist. Wenn längerfristig keine Totalschäden auftauchen, fragen sich die Politiker jedesmal händeringend, was sie tun können, um das Wachstum und die Wirtschaft anzukurbeln, damit das erprobte System erhalten bleibt? Wo sollen die Aufträge und das Geld für die Löhne und Gehälter herkommen?

In der Vergangenheit war es üblich, dann einen Krieg vom Zaun zu brechen, dabei ging alles kaputt und danach gab es für Jahrzehnte Arbeit, um die Menschen zu beschäftigen.

Für diesen Kreislauf entscheiden sich Kulturen, die nicht sehr weit entwickelt sind. Bewohner mit einem hohen Bewusstsein würden andere Entscheidungen treffen!

Nun seid ihr an einem ganz entscheidenden Entwicklungsschritt: Die breite Masse der Bevölkerung ist heute gebildet und aufgeschlossen und in ihrem Denken und Fühlen eher freiheitlich. Für die meisten käme die Entscheidung für einen Krieg nicht mehr in Frage, sie würden sich willentlich dagegen entscheiden!

Vor sechs Jahrzehnten waren die Menschen noch sehr angstgesteuert und obrigkeitshörig, heute sind sie daran gewohnt, frei und offen ihre Meinung zu sagen.

Des weiteren solltet ihr euch mit der Vorstellung vertraut machen, dass dieses ständige Arbeiten als hauptsächlicher erfüllender Lebenszweck einfach unsinnig ist!

In einer friedliebenden, gleichberechtigten Gesellschaft ist es nicht möglich, dass die Bevölkerung einer ständigen täglich 8-stündigen Arbeit nachgeht! Das ist an einem bestimmten Punkt der Entwicklung nicht mehr realisierbar!

Wir raten euch, beschäftigt euch mit Hobbys, kreativen Dingen und trefft andere Menschen, um gemeinsam friedliche Lösungen zu finden.

Eure Leistungsgesellschaft wird sich verändern müssen! Der Kapitalmarkt kann mit der bestehenden Verteilung nicht weiter existieren! Da steht eine Umstrukturierung an, die in zivilisierten Gesellschaften auf friedvolle Weise vonstatten geht!

Es ist uns wichtig, dass ihr dabei auch erkennt, dass diese ererbten Strukturen keineswegs Tatsachen sind, die längerfristig unumstößlich sind!

Jeder Einzelne von euch ist in der Lage, seine persönlichen finanziellen Bedürfnisse in einen Rahmen zu stellen, der ihm ein Leben in Fülle ermöglicht. Das erschafft ihr mit der Energie in euch!

Arbeitet an eurem Wohlbefinden, genießt euer Leben und tut das, was ihr in eurem Inneren als euren Beitrag zum Ganzen erkennt. Dann stellt sich auch Fülle ein!

Frage: Es gibt doch Zeitebenen, die vor uns diese Umstrukturierung gemacht haben. Wie haben sie es auf friedliche Weise geregelt?

Konfuzius
Grundsätzlich gibt es da kein einheitliches Schema, weil diese 25 Jahre des Übergangs ins Paralleluniversum von der Akasha-Chronik nicht vorgegeben sind!

Aber es hat natürlich schon Zeitebenen gegeben, die vor euch diesen Schritt getan haben, auch auf anderen Planeten.

Gut. Das, was jetzt kommt, sind keine Voraussagen, sondern Möglichkeiten:

Einmal gibt es sozial ausgerichtete Gesellschaftssysteme, wo erwerbslosen Menschen Geld zum Leben zur Verfügung gestellt wird. Aber der Staat besitzt dieses Geld in den meisten Fällen auch nicht mehr, also erhöhen sich zwangsläufig die Schulden. Das führt irgendwann zur Zahlungsunfähigkeit!

Dann gibt es Gesellschaftssysteme, wo das Sozialsystem nur sehr wenigen zugänglich ist, dadurch geraten breite Massen der Bevölkerung unter massive Zahlungsschwierigkeiten. Sie sind gezwungen, sich vorübergehend selbst zu versorgen und den Tauschhandel wieder einzuführen.

Der eigentliche Umbruch kommt in den meisten Fällen erst dann, wenn die Bevölkerung ihre Arbeit niederlegt und aufhört, so zu funktionieren und mitzuspielen, wie es früher üblich war.

Die Politiker standen dann unter massivem Zugzwang und mussten sich Gesetze einfallen lassen, die die Finanzen umverteilten. Oft schafften sie das Erbrecht ab und ließen gleichzeitig die Zahlungsunfähigen kostenlos in ihren Wohnungen leben. Schritt für Schritt ging es dann weiter mit der Umverteilung.

Versucht einmal, das Leben auf der Erde aus einem höheren Blickwinkel zu betrachten:

Es ist einfach absurd, dass Personen – Seelen, die für einen bestimmten Zeitraum auf diesem Planeten verweilen, dabei Grundstücke und Häuser als Eigentum erwerben. Dass eine Privatperson über ein Stück Erde (Planet) verfügt, ist von der Idee her abwegig! Ihr habt als Gäste ein Nutzungsrecht!

Aber der Besitz, wie er im Moment bei euch verteilt ist und auch die Vorstellungen in euren Köpfen darüber, sind zutiefst veränderungsbedürftig!

Eure Überzeugungen davon werden sich schon bald verändern! Denkt einmal darüber nach!

Seid gesegnet, das war Konfuzius.

Frage: Ich weiß, dass wir unsere Schwingung erhöhen können, wenn wir Freude, Liebe, Lachen und Fröhlichkeit in uns erschaffen. Aber die meisten müssen ja auch sehr viele Stunden arbeiten, was mehr eine Pflichterfüllung ist. Heißt das für die nächsten Jahre, dass wir lieber weniger arbeiten sollen und uns dafür mehr freuen?

Konfuzius
Das würde euch in der Tat gut tun, wenn ihr es dann auch genießt!

Ihr befindet euch auf einem Planeten, auf dem viel gearbeitet wird. Und ihr versucht zwanghaft euer Arbeitsleben, was euch in der Vergangenheit Sinn gegeben hat, in die Gegenwart zu ziehen, obwohl ihr ihm nicht mehr abgewinnen könnt als die Bezahlung!

Es gibt längst nicht mehr genügend Arbeit für jeden. Und die Regelung ist noch immer so, dass ihr anstrebt, fünfmal die Woche acht Stunden lang zu arbeiten. Das ist für einen hochschwingenden, feinstofflichen Planeten einfach undurchführbar!

Im Paralleluniversum sind die Menschen mit anderen freudvollen Dingen beschäftigt, sie gehen ihren Interessen nach und dafür benötigen sie Zeit.

Ihr stopft eure Zeit noch viel zu sehr mit Arbeit voll – bedingt durch eure Vergangenheit. Und anschließend, nachdem ihr 8 Stunden frustriert auf eurem Arbeitsplatz ausgeharrt habt, stürzt ihr euch in die Einkaufsmärkte und kauft euch lauter unnütze Dinge, die eure Stimmung wieder ins Lot bringen sollen. Und weil ihr Geld für eure innere Beruhigung braucht, müsst ihr am nächsten Tag wieder arbeiten gehen! So ist der Kreislauf! Eine Maus im Tretrad führt ein ähnlich interessantes Leben!

Dieser Praxis wird sich dann verändern, wenn ihr bereit dazu seid!

Überall auf der Erde gibt es sehr viele Menschen, die arbeitslos sind, und jedes Land ist bemüht, die statistischen Zählungen nach unten zu frisieren. Die Zahl eurer Arbeitslosen wird sich auch noch steigern. Acht Stunden Arbeit täglich sind nicht mehr zeitgemäß! Da stehen Veränderungen an!

Die meisten von euch gehen auch nicht aus Freude und mit Begeisterung an ihren Arbeitsplatz, sondern aus dem Grund, weil sie das Geld benötigen.

Auch finanziell stehen euch Veränderungen bevor. Euer Geld fließt gebündelt zu zahlenmäßig wenigen Menschen, die momentan die Fäden in der Hand halten. Auf einem feinstofflichen Planeten sind die Mittel gleichmäßig verteilt!

In dem Moment, wo ihr aufhört, so zu funktionieren, wie ihr es aus eurer Vergangenheit gewohnt seid, werden die Veränderungen stattfinden!

Aber die Art und Weise und wann das soweit ist, bestimmt ihr! Möglicherweise benötigt ihr noch etwas mehr Druck!

Achtet bei eurer Arbeitszeit auf eure persönlichen Bedürfnisse. Wieviel Arbeit – wieviel Geld ist euch wichtig? Richtet eure Arbeitszeit so aus, dass sie dem entspricht!

Frage: Du sprachst vorhin von der Arbeit – von 8 Stunden in einem Arbeitsverhältnis, aber das ist doch bei weitem nicht alles! Wenn man dann nach Hause kommt, geht es doch erst richtig los!

Ich bin nicht mehr berufstätig, und trotzdem habe ich den ganzen Tag zu tun. Dieses Leben in der Physis ist ganz einfach mühsam!

Konfuzius
Meine Liebe, beachte deine Wortwahl!

Du bestimmst darüber, in welcher Energie du welche Arbeiten verrichtest!

Es ist so: Jeder von euch hat innerlich ein Energielieblingsmuster. Und dieses Lieblingsmuster wird euch zu einer bestimmten Art und Weise der Erledigung drängen.

Es gibt Menschen, die sind von ihrem Muster her sehr perfektionistisch. Sie sind ständig in Bewegung, am Tun, am Planen – schon, wenn sie morgens wach werden, laden sie sich all das auf, was sie den Tag über erledigen möchten, ohne es zu genießen, als Seele in einem Körper wach zu werden – mit dem Bewusstsein, dass euch dieser Tag geschenkt wird!

Ihr seid manchmal so am Tun und Schaffen, und die Adjektive, mit denen ihr eure Tätigkeiten beschreibt, sagen etwas aus über euer Energielieblingsmuster!

Es kann lästig sein, eine Plage, mühsam, und das sind alles Beschreibungen eures Energiefeldes, mit dem ihr üblicherweise diese Arbeiten erledigt! Nehmt das wahr! Es ist Teil eurer Schöpfermacht, auf welche Art und Weise ihr eine Erledigung erlebt! Ihr seid die

Person, die darüber bestimmt, ob etwas mühsam ist oder eine Freude!

Erklären wir es an einem Beispiel:

Angenommen, da sind zwei Männer, die beide dasselbe Gartenhaus bauen.

Der eine Mann ist voller Begeisterung, Freude und Tatendrang – sein Lebenswunsch geht in Erfüllung! Er arbeitet in der Überzeugung: Dieses Häuschen wird mich bereichern und mir viele glückliche Stunden bescheren! Er pfeift und singt bei der Arbeit und freut sich über jedes einzelne Brett, was zur Vollendung beiträgt. Mit Begeisterung versenkt er jede einzelne Schraube und kann es kaum erwarten, das erste Mal die Tür zu seinem fertigen Gartenhaus zu öffnen und hineinzutreten. Er ist voller Stolz auf sein Werk!

Und da gibt es den anderen Mann, der genau dasselbe Gartenhaus baut, aber diese Person denkt:

„Was für ein Elend! Was für ein Jammer! Wie konnte ich mich nur auf diese Plage einlassen! Wahrscheinlich wird dieses Haus nie fertig! Welche Anstrengung wird mich dieser Bau noch kosten?"

Dementsprechend kommt er auch nur mühsam und langsam voran. Und er wird sich öfter ausruhen müssen, weil er von seiner eigenen Programmierung total gefangen ist. Während der Pausen hält er inne, trinkt Bier und betrachtet sich dabei sein Werk, und dabei fällt ihm ein, wer alles ihn bei diesem Bau hätte unterstützen können, es aber nicht tut!

Die Art und Weise, wie ihr euch etwas erschafft, und mit welcher Überzeugung ihr an die Ausführung geht, das obliegt eurer Schöpfermacht. Beachtet das!

Ihr bestimmt durch eure Gedanken und Worte, mit welcher Programmierung ihr arbeitet!

Lernt visualisieren und genießt das Leben!

Konfuzius über die Entwicklung in unserer Zeitebene

Wir möchten euch beglückwünschen zu eurer erhöhten Schwingung, zu dem, was ihr an Erkenntnissen erworben habt, zu dem, was an Klarheit und Weisheit in euer Leben einfließen durfte. Zu der Liebe zu euch selbst und dem, was ihr an eurem göttlichen Potential weiter eröffnet habt!

Ihr seid die Schöpfer eurer eigenen Realität, eures eigenen Lebens. Ihr erschafft mit jedem Gedanken, mit jeder Vision, mit jeder Überzeugung, mit allem, was ihr in eurem Inneren pflegt an Gefühlen, an Leidenschaften, an Freude, an Leid, an Sorgen – all das wirkt sich aus auf euer Leben!

Und ihr könnt diese innere Macht einsetzen, um euer Leben zu dem zu machen, was es idealerweise sein sollte, aber ihr habt auch die Macht, euer Potential dazu einzusetzen, diese Realitätsebene schnellstmöglichst zu verlassen!

All diese Macht liegt in eurem Inneren!

Und durch die Erhöhung der Schwingung auf eurem Planeten und eure eigene Schwingungserhöhung setzt sich alles, was ihr denkt, glaubt und visuell anregt, immer rascher um!

Wenn ihr die Nachrichten anschaut, dann könnt ihr sehen, wie Seelenalter, die mit dieser Veränderung – mit dieser Realität, nicht mehr klarkommen, die Gelegenheit nutzen, um zu gehen.

Und wir möchten euch auch ein Beispiel geben, wie ihr eure Schöpferkraft – eure Visionen – so einsetzen könnt, dass sie euch zu eurem größten Segen gereichen.

Angenommen, ihr wünscht euch eine erfüllende Partnerschaft – die Liebe zu einem anderen Menschen und die Gründung einer Familie.

Wenn das euer Ziel wäre, welche Visionen, welche Gedanken müsstet ihr dann in eurem Inneren pflegen?

Ihr solltet euch in dem Falle daran erinnern, wie es ist, wenn ihr einen Partner – eine Partnerin kennenlernt!

Wie es sich anfühlt, wenn ihr die Anziehung und Magie zwischen euch spürt! Welches Gefühl, welches Kribbeln in eurem Körper ist! Wie eure Augen sich begegnen, und wie ihr irgend etwas tief auf Seelenebene erkennt! Wie es sich anfühlt, wenn euer Herz schneller schlägt! Die Vorfreude, diesen Menschen wiederzusehen – wiederzutreffen! Ihr solltet euch Visionen machen, wie es ist, wenn ihr gemeinsam beim Abendessen sitzt. Wenn ihr euch über den Teller hinweg anschaut. Wenn ihr mit einem Glas Wein anstoßt. Wie sich der Blick eurer Augen ineinander verliert und in unergründliche Tiefen taucht. Ein Moment, als ob die Zeit stehengeblieben wäre!

Wie sich euer Herz fühlt, wenn ihr euch neckt? Wie ihr zusammen lacht! Wie ihr Hand in Hand spazieren geht! Wie ihr euch vertraut wie Kinder in Abenteuer stürzt.

Wie ihr das Leben genießt und euch mit prickelnder Leichtigkeit bewegt! Wie ihr die Berührung auf eurer Haut wahrnehmt. Und wie es ist, wenn ihr nebeneinander liegt und verträumt in den Sternenhimmel schaut.

Wie es sich anfühlt, wenn dieser Mensch, den ihr begehrt in eurem Herzen und dem ihr tief vertraut, nach Hause kommt?

Das sind die Visionen, die euch zu einer erfüllten Partnerschaft führen!

Und wenn ihr darüber hinaus noch mehr realisieren möchtet, dann stellt euch vor, wie es sich anfühlt, wenn ihr gemeinsam durchs Leben geht und zusammen alt werdet!

Wie es sich anfühlt, wenn ihr ein Kind zeugt oder empfangt. Wie es sich anfühlt, wenn dieses Wesen in der Mutter platzgenommen hat. Wie es sich anfühlt, wenn der Leib wächst, wenn ihr das Strampeln eures ungeborenen Kindes spürt, und wie ihr euch freut, wenn ihr euch mit diesem Kind im Mutterleib unterhaltet und es euch telephatisch antwortet.

Und wie es dann ist, wenn dieses Baby geboren wird. Wie ihr euch fühlt, wenn ihr dieses neugeborene Kind das erste Mal in den Armen haltet – eine Seele, die euch als Eltern gewählt hat!

Wenn dieses kleine Wesen die Augen öffnet und euch das erste Mal anlächelt. Und wie es ist, wenn ihr dieses Kind abends ins Bett bringt. Was werdet ihr ihm erzählen? Was werdet ihr ihm vorsingen?

All diese Visionen bringen euch zu einer erfüllten Partnerschaft und Familie!

Und wenn diese Visionen in eurem Leben keinen Platz haben, dann werdet ihr allein durchs Leben gehen oder möglicherweise einen Partner anziehen, der auch nicht so genau weiß, was er will!

Schaut auf das, was ihr in eurem Inneren an Visionen pflegt!

Die Visionen, die am leidenschaftlichsten sind, die voll sind von guten Gefühlen und Lebensfreude, die werden sich am schnellsten durchsetzen.

Grabt nach, wo eure Visionen verblieben sind!

Erinnert euch, dass es Zeiten in eurem Leben gab, wo ihr Visionen gepflegt habt! Zeiten, in denen ihr euch gestattet habt zu träumen, wo ihr Vorstellungen zugelassen habt!

Ihr seid nicht auf der Welt, um ein Roboterleben zu führen, um all das zu tun, was andere Menschen oder die Gesellschaft für richtig halten! Ihr seid auf der Welt, um eure eigenen Visionen Realität werden zu lassen! Pflegt das! Pflegt es mit eurer ganzen Leidenschaft, mit Inbrunst, Hingabe und schmückt es aus! So werdet ihr das erschaffen, was euch wertvoll erscheint!

Viele von euch pflegen gerade auf dem Gebiet der Partnersuche sehr verstandesgesteuerte Vorstellungen. Ihr macht euch Bilder, wie euer künftiger Partner auszusehen hat, welchen Wagen er fahren sollte, ihr visualisiert die Zahlen auf seinem Bankkonto, seine Ausdauer beim Sex und die bevorzugte Wohngegend.

All eure diesbezüglichen Vorstellungen notiert ihr auf Listen und gebt eure Bestellungen ab an den Kosmos.

Sagt uns doch bitte, wo in dieser Liste habt ihr eure eigene Liebe vergraben? Wo habt ihr die Gefühle versteckt? Wo ist eure Bereitschaft, Liebe zu geben?

Natürlich werdet ihr auch auf diese Weise jemanden kennenlernen. Ihr werdet dann mit jemandem zusammengeführt, der auch eine Checkliste hat! Und dann dürft ihr euch gegenseitig taxieren.

Die Regel lautet: „Liebe zu Liebe! Und Liste zu Liste!" Beachtet das!

Konfuzius über das Genießen
Viele von euch sind an einem Punkt angelangt, wo ihr euer eigenes inneres Bewusstsein so sehr entfaltet, dass weitere Inkarnationen in diesem Dualen Universum euch keine befriedigenden Erfahrungen mehr bringen könnten.

Und so könnte, und wir betonen „könnte", dieses Leben, in dem ihr euch gerade befindet – dieser Körper, den ihr momentan bewohnt, der könnte möglicherweise der letzte irdische Körper sein!

Ihr seid möglicherweise das letzte Mal in einem physischen Körper auf der Erde!

Und wir möchten euch darauf hinweisen, dass ihr mit all euren Fasern, mit all euren Sinnen und eurer Leidenschaft dieses Leben genießen dürft!

Wie fühlt es sich an, wenn ihr barfuß in einem Gebirgsbach steht? Wie betört es eure Sinne, wenn ihr die Vögel zwitschern hört, wenn ihr den Wind auf eurer Haut spürt, wenn ihr den Duft von altenglischen Rosen einatmet, wenn ihr einem Schmetterling beim Flug zuseht, wenn ihr mit dem Fahrrad unterwegs seid und dabei die Energie eures Körpers von den Zehen bis zur Haarwurzel spürt?

Welchen Ton erzeugt ein brennendes Feuer – das Knistern der Flammen und die Wärme, die sich verbreitet?

Es ist möglicherweise die letzte irdische Gelegenheit, die ihr habt, um all das zu genießen!

Die Berührung eines Partners? Wie ein Steak duftet, das über einem offenen Feuer brät?

Wie der Saft einer Papaya schmeckt? Wie eine schmackhafte, leckere Soße auf eurer Zunge zerrinnt!

Und wir versichern euch, viele Menschen, die ihren irdischen Körper verlassen, denken danach:

Hätte ich nur dieses Leben genutzt, um mehr zu lachen, um mehr zu springen, zu tanzen, zu singen, um mehr Freude zu empfinden!

Ihr habt jetzt die Chance dazu!

Überlegt euch, wann ihr damit beginnen möchtet?

Es geht nicht darum, enthaltsam zu sein! Es geht nicht darum, euch einzuschränken und Dogmen aufzuerlegen!

Überlegt, dass das möglicherweise die letzte irdische Inkarnation sein könnte, und was ihr alles noch erleben möchtet?

Und das, was ihr mit eurem Genießen auf diesem Planeten in Gang setzt, wird eine so ungeheuerliche Macht der Transformation sein, dass sie sich wellenartig über den gesamten Planeten ausbreitet!

Und dabei wird sich alles, was im Moment noch den Anstrich von Strenge, von unliebsamer Pflicht und Unterordnung hat, transformieren. Das Maß eurer Fähigkeit, das Leben zu genießen, wird die Welt verändern!

Diese Wirkkraft ist größer, als wenn ihr euch den Kopf darüber zerbrecht und darüber rätselt, was ihr tun könntet und wie die Veränderungen vonstatten gehen könnten!

Eure größte Macht liegt darin, dass ihr beginnt, dieses Leben mit allen Fasern zu genießen!

Wir legen euch das Genießen ans Herz! Seid gesegnet!

Die Traumebene und REM-Phasen

Frage: Könntest du uns noch etwas über die Traumebene erzählen? Ich möchte gern wissen, ob die Erinnerungen, die wir nachts aus den Träumen mitbringen, reale Begebenheiten sind, oder ob sie durch irgendwas beeinflusst werden?

Konfuzius
Ihr alle verfügt über einen physischen Körper – das Gefäß, und darüber hinaus über eine feinstoffliche Seelenessenz – die Füllung. Euer Nachtbewusstsein und euer Wachbewusstsein sind in gewisser Weise zwiegespalten. Euer Nachtbewusstsein ist der Teil eurer Seele, der nicht vergessen hat. Ihm sind alle Ereignisse aus vergangenen Inkarnationen und aus den Lichtwelten, die ihr seit Betreten des Dualen Universums erlebt habt, bewusst.

Euer Traumkörper verlässt des Nachts euren physischen Körper, geht hinüber in die Lichtwelten und steht dort in Kontakt und Austausch mit persönlichen Bekannten, aber wird auch unterrichtet von Lehrern in der geistigen Ebene.

Beim Austauschen von Informationen ist euer feinstoffliches System sehr rasch, ihr könnt in hohem Tempo Pläne schmieden und geistiges Wissen in euch aufnehmen, welches eurem Wachbewusstsein morgens beim Erwachen nur bruchstückhaft in Erinnerung bleibt. Auch kehrt euer Traumkörper mehrfach in der Nacht in den physischen Körper zurück, bestückt ihn dabei mit Informationen, die in eurem Inneren verarbeitet werden, und bringt ihn in eine andere Lage. Euer Wachbewusstsein übersetzt diese erhaltenen Informationen in Bilder, die euer derzeitiges Leben geprägt haben. Beim Inhalt dieser Informationen geht es im wesentlichen um Entwicklungsschritte, die für euer Wachbewusstsein anstehen, und einen

Plan, durch welche äußeren Ereignisse ihr diese physischen Entwicklungsschritte anzukurbeln gedenkt!

Ein Teil von euch weiß ganz genau, um was es dabei geht. Aber die Bilder, die von eurem Wachbewusstsein übersetzt werden, sind verschlüsselt, so dass sie von eurem Verstand nicht klar und eindeutig übersetzt werden können. Diese Verschlüsselung ist manchmal notwendig, damit ihr nicht in jedem Falle wisst, was an Ereignissen auf euch zukommt. Würdet ihr immer wissen, was in eurem Bekanntenkreis geschieht, und wären euch auch alle Ereignisse, die auf euch zukommen, bekannt, wäret ihr in euren Handlungen sehr gehemmt. Ihr würdet dann versuchen, Erfahrungen zu vermeiden.

Manchmal habt ihr sehr, sehr klare und deutliche Träume, und diese Träume werden euch geschickt, damit ihr sie versteht. Aber nicht alle Träume, die ihr erinnert, sind für euer Wachbewusstsein zu übersetzen.

Frage: Du sagst, dass unser Traumkörper jede Nacht unseren physischen Körper verlässt und dass er mehrfach zurückkehrt. Hat das etwas mit den sogenannten REM-Phasen zu tun? Und wieso merken wir es in der Regel nicht, dass dieser Traumkörper ein Doppelleben führt?

Konfuzius
Manchmal bemerkt ihr es ansatzweise! Gut, holen wir weiter aus:

Das Tagesbewusstsein wird dezimiert vom Verstand – vom Ego, es repräsentiert den Teil, der durch den Kanal des Vergessens gegangen ist, der aber fähig ist, durch bewusste Hinwendung dieses Vergessen Stück für Stück aufzuheben. Das Nachtbewusstsein hat nicht vergessen, es erinnert sich an alle Erfahrungen, die es seit Betreten des Dualen Universums erlebt hat. Es hat die Fähigkeit, sehr schnell Informationen und Pläne mit anderen zu entwickeln, und strebt dabei euer Erwachen an. Genaugenommen ist euer Bewusstsein also zwiegespalten – es repräsentiert ebenfalls die Dualität.

Der eine Teil hat den vollen Überblick – euer Nachtbewusstsein, und der andere versucht so großartig, wie er das vermag, in der Physis zurechtzukommen – euer Tagesbewusstsein!

Jeder von euch hat eine Zeit, zu der er sich abends ins Bett begibt. Euer physischer Körper benötigt diese Ruhe und der feinstoffliche Körper braucht den Kontakt mit den Lichtwelten, sonst wäret ihr nicht lebensfähig.

Nun ist es so: Wenn ihr im Bett liegt, bringt ihr allmählich euer Wachbewusstsein nach unten. Euer physischer Körper nimmt eine starre Haltung ein, dabei erfährt die momentane Position im Bett eine Art Versiegelung, und danach hebt sich der feinstoffliche Körper heraus. Und manchmal kann es vorkommen, dass ihr dieses Herausheben in der Einschlafphase bis zu einem gewissen Grad miterlebt.

Dabei tritt ein Effekt auf, den ihr als Hinabstürzen oder Zurückfallen interpretiert – ein Sturz aus großer Höhe in ein tiefes Loch.

Das passiert immer dann, wenn euer Wachbewusstsein noch nicht ganz ausgeschaltet war. Wenn ihr dieses Zurückfallen erlebt, dann erschreckt ihr euch oft sehr.

Aber es gibt keinen Grund, darüber zu erschrecken! Es wäre für euch sehr viel weniger bekömmlich, wenn euer Traumkörper am Kontakt mit den Lichtwelten behindert würde.

Da aber eurem Wachbewusstsein dieser Teil eurer Existenz weitgehend unbekannt ist, erschreckt ihr euch für gewöhnlich, wenn ihr dieses Abheben einmal bemerkt.

Seit vielen Jahren gibt es auf eurem Planeten Traumlabors, in denen eure Wissenschaftler untersuchen, was beim Schlafen geschieht. Sie haben herausgefunden, dass euer Körper sogenannte REM-Phasen hat, die alle 90 Minuten auftauchen – das sind schnelle Bewegungen der Augäpfel, wobei der Mensch ganz offensichtlich träumt. Wenn sie einen Probanten nach so einer REM-Phase wecken, erinnert er sich recht klar an Träume.

Euer feinstofflicher Körper verlässt also des Nachts die physische Hülle, er ist flugfähig, kann Wände durchdringen und sich sehr rasch im Raum vorwärts bewegen, aber in einem Rhythmus von 90 Minuten kehrt er aus den Lichtwelten in den physischen Körper zurück, legt sich wieder hinein und bringt dabei Erkenntnisse, Beschlüsse und Pläne mit, die ihr mit anderen ausgearbeitet habt, und auch Informationen über euch nahestehende Menschen. Und das ganze Planungsmaterial, das euer Traumkörper mitbringt, wird über die sogenannten REM-Phasen weitergeleitet in euer Bewusstsein. Nur erinnert ihr das in euren Träumen nur zu einem gewissen Grad. Es gibt auch Übersetzungsbilder, die die Essenz einer Information in Bilder übersetzen, die euch in diesem Leben etwas sagen.

Nachdem euer Traumkörper die Informationen überbracht hat, bewegt er euren physischen Körper in eine andere Haltung, so dass ihr wieder bequem liegen könnt, dann kehrt er abermals zurück in die Lichtwelten. Das vollzieht sich alle 90 Minuten über die ganze Nacht bis zum Morgen.

Irgendwann werdet ihr dann wach und beschließt: Für heute habe ich genügend Schlaf getankt!

Und dann übernimmt euer Tagesbewusstsein.

Die ideale Zeit, wie lange ihr schlafen solltet, liegt bei einem erwachsenen Menschen bei 6 bis 8 Stunden. Wenn ihr über längere Zeit sehr viel weniger schlaft, dann ist euch das nicht sonderlich zuträglich, genauso verhält es sich, wenn ihr sehr viel länger schlaft. Die Energien, die ihr mitbringt von der Traumebene, sind bei zuviel Schlaf nicht mehr so hochschwingend, wie sie es nach 6 bis 8 Stunden sind. Wenn ihr sehr viel länger im Bett und im Schlafzustand verweilt, könntet ihr dadurch zu Kopfschmerzen neigen und euch körperlich zerschlagen fühlen.

Ihr werdet also am Morgen wach, und wenn ihr euch die Zeit merkt, zu der ihr wach werdet, könnt ihr beobachten, dass sich diese sogenannten REM-Phasen, die ihr nachts im Schlaf habt, auch tagsüber fortsetzen. Das bedeutet nicht, dass ihr nun anfangt, mit den Augen zu rollen, es ist dann eher so, dass ihr von der Zeit an, als ihr wach wurdet, alle 90 Minuten in etwa in einen Zustand der Weltvergessenheit und äußeren Abschaltung gleitet! Möglicherweise ertappt ihr euch dabei, dass ihr euren Blick in unbekannte Weiten schweifen lasst, ohne dass ihr dabei irgend etwas wahrnehmt.

Euer Wachbewusstsein schaltet sich vollautomatisch zurück, der Drang, etwas zu tun, lässt nach und der Teil von euch, der in Kontakt mit eurer Seele steht, nimmt seine Arbeit auf. Dabei könnte es vorkommen, dass ihr spürt, wie euer Kronenchakra sich öffnet, oder dass ihr von einem Energiemantel umgeben seid. Ihr nehmt euren Verstand zurück, und auch das geschieht in einem Rhythmus von 90 Minuten. Und immer, wenn es geschieht, seid ihr in Verbundenheit mit eurer eigenen Göttlichkeit, mit eurem Schöpfervolumen, und ihr seid dabei auch auf ganz natürliche Weise auf Empfang.

Dabei könntet ihr an eine Person denken, die ihr seit Jahren nicht mehr gesehen habt, aber die ihr möglicherweise in einer halben Stunde auf der Straße treffen werdet. Während eurer Tages-REMPhasen läuft ein innerer Abgleich mit den Plänen, die ihr auf der Traumebene entwickelt habt, ab.

Wenn ihr aufmerksam seid, werdet ihr diesen Rhythmus auch am Tage erkennen können.

Diese Tages-REM-Phasen dauern im allgemeinen 2 – 3 Minuten, ihr nehmt eure äußere Aufmerksamkeit zurück und eure Seele wird aktiv. Manche Menschen, die dagegen ankämpfen, haben danach das Gefühl, dass sie jetzt einen Kaffee brauchen oder irgend etwas, was sie wieder wach macht.

Diese Phasen haben einen natürlichen Rhythmus, genauso wie eure Meere dem Rhythmus von Ebbe und Flut unterliegen, hat auch euer Bewusstsein einen Rhythmus. Ihr braucht diese Entspannungsphasen, damit das innere Update mit eurer Seele stattfinden kann!

Nun ist es so, dass euer Traumbewusstsein und euer Wachbewusstsein durch die Schwingungserhöhung immer mehr zusammenarbeiten. Die Verbindung wird stärker, und es kann dabei Phasen geben, in denen ihr jedesmal wach werdet, wenn euer Traumkörper aus den Lichtwelten zurückkehrt.

Es kann spontan im Alltag zu Momenten kommen, in denen ihr euch gewahr werdet, dass ihr gerade höchst interessante Botschaften empfangt.

All diese Dinge sind euch zugänglich! Es ist ein ganz normaler Entwicklungsschritt! Er steht jedem von euch zur Verfügung und ihr dürft ihn auch nutzen! Diese Erkenntnis kommt zu euch, damit ihr sie nutzen könnt!

Das wollten wir euch gern vermitteln!

Erkennt, dass ihr alle verbunden seid, dass es eine natürliche menschliche Fähigkeit ist, auf Empfang zu schalten!

Fragen zur Spiritualität

Konfuzius über das Loslassen

Konfuzius
Seid gesegnet, seid in der Liebe, das ist Konfuzius.

Viele irdische Lehrer und Schüler haben Schwierigkeiten mit dem Loslassen. Die spirituellen Lehrer glauben, dass sie angewiesen sind auf ihre Schüler, und viele Schüler verehren ihre Lehrer so sehr, dass sie über die Zeit ihrer Ausbildung hinaus immer wieder den Kontakt aufsuchen. Ihr solltet das Ganze fließender betrachten.

Ihr werdet auf eurem Weg viele Lehrer brauchen, aber es sind Zwischenstationen auf der Suche nach euch selbst. Es sind Helfer, die euch an euer inneres Wissen erinnern und Übungen vermitteln, die euch weiterbringen. Und dann kommt irgendwann bei jedem der Moment, wo er ausgelernt hat und selber zu einem Lehrer für andere wird.

Manche Schüler möchten lieber in der Schule bleiben, weil sie noch unsicher sind beim Empfang ihrer eigenen Intuition. Und da können wir nur raten: üben, üben, üben! Lernt eurem eigenen inneren Wissen zu vertrauen!

Und den Lehrern möchten wir raten, lasst eure Schüler mit viel Vertrauen in ihre eigenen Fähigkeiten ziehen!

Das ist die beste Werbung, die ihr für eure Schule bekommen werdet!

Manche Lehrer möchten gern ihre Schüler an sich binden, und das ist ein Mangeldenken!

Die Schüler, die ihr in Liebe loslassen könnt, werden ausströmen und euch neue Schüler schicken!

Seid gesegnet, das war Konfuzius.

Kuthumi über den Kampf zwischen spirituellen Menschen

Kuthumi
Seid gesegnet, seid in der Liebe, das ist Kuthumi.

Leider ist es so, dass sehr viele spirituelle Menschen in Konkurrenz zueinander stehen. Sie bilden sich dann ein, ihr persönlicher Weg sei der einzig wahre, der einzig richtige und dann kommt der spirituelle Hochmut. Sie halten sich für etwas Besseres!

Wenn sie mit anderen Menschen zusammentreffen, bewerten sie deren Erfahrungen und denken bei sich: „Naja, das ist noch ein Anfänger! Er trägt noch spirituelle Windeln! Ich bin da viel weiter!"

Seid euch sicher: Diese Botschaft kommt aus dem Verstand! Und es gibt keinen Grund, darauf stolz zu sein!

Es geht nicht darum, dass ihr besser, schneller und weiterentwickelt seid als andere!

Es geht darum, die unterschiedlichen Wege zu feiern und das gemeinsame Ziel zu erkennen. Konzentriert euch auf die Gemeinsamkeiten und bewertet nicht die unterschiedlichen Erfahrungen.

Spiritualität ist kein Feld für Konkurrenzkampf! Es ist das Feld der Liebe, der Gemeinsamkeit und Offenheit!

Es würde euch auch sehr helfen, wenn ihr offen über eure Probleme auf diesem Gebiet sprechen würdet. Manchmal verhaltet ihr euch so, dass ihr jegliche Schwierigkeit unter den Teppich kehrt, weil ihr glaubt, andere haben das nicht und würden euch dann als Anfänger einstufen, und das möchtet ihr unter allen Umständen vermeiden.

Und wir sagen euch an dieser Stelle, es gibt keinen Menschen auf eurem Planeten, der diesen Bewusstseinswandel ohne jegliche Probleme gemeistert hat!

Seid offen und ehrlich miteinander und konzentriert euch auf die Gemeinsamkeit! Das bringt euch voran!

Seid gesegnet, das war Kuthumi.

Frage: Manche Menschen sind davon überzeugt, dass sie in früheren Inkarnationen weiterentwickelt waren, als sie es jetzt sind. Ist so etwas möglich?

Konfuzius
Seid gesegnet, seid in der Liebe, das ist Konfuzius.

Grundsätzlich ist es nicht möglich! Es gibt allerdings, und da wäre eine Höherentwicklung möglich, gewisse Teilgebiete, das können Talente sein, die ihr in einer vergangenen Inkarnation zur Perfektion gebracht habt. Diese stehen euch aus eurem Erfahrungsreichtum zur Verfügung, aber es könnte sein, dass ihr sie in einer anderen Inkarnation nicht so intensiv ausbaut. Zum Beispiel wäre es möglich, dass ihr in einer anderen Inkarnation ein brillianter Koch gewesen seid und dieses Können vollendet umgesetzt habt. In späteren Leben wird euch aufgrund der alten Erfahrung das Kochen leichtfallen, aber es reizt euch trotzdem nicht, ein Restaurant zu übernehmen und im großen Stil andere zu bekochen. Die Erfahrung ist bereits abgedeckt!

Nun zur Weiterentwicklung:

Wir wissen, dass es Menschen gibt, die glauben, sie seien in einem anderen Leben höher entwickelt gewesen, z.B. Hohepriesterin in Atlantis oder im alten Ägypten oder eine vergleichbare Stellung.

Und jetzt, einige Leben später, werden sie als Rosi Sommer geboren, offensichtlich ohne besondere spirituelle Talente.

Es ist durchaus möglich, dass die Rosi in einem vergangenen Leben auf spirituellem Gebiet sehr weit war, aber dann fällt ihr es auch heute leicht zu meditieren.

Grundsätzlich ist es aber so, dass ihr euch durch den Inkarnationszyklus Schritt für Schritt und allumfassend vorwärtsentwickelt und immer mehr von eurem inneren Potential, welches eure Göttlichkeit ausmacht, entfaltet.

Wenn ihr also erkennt, dass es ein vergangenes Leben gab, in dem ein Talent besonders ausgereift war, dann sagt das noch nichts darüber aus, wie es um eure menschliche Reife, euren Charakter und die Liebe und Achtung gegenüber anderen Zeitgenossen bestellt war. Auch eine Hohepriesterin könnte ihre Macht missbraucht und selbstsüchtige Entscheidungen getroffen haben.

Und möglicherweise hat sich die Rosi vorgenommen, in diesem Leben die Spiritualität wieder zu entdecken, aber noch wichtiger ist ihr eine gleichberechtigte Umgangsweise im Einklang mit anderen.

Frage: Stimmt es, dass der Mensch machtvoll ist? Wo liegen die Unterschiede zu den Fähigkeiten anderer Sternenmenschen?

Konfuzius
Eine schöne Frage!
Der Mensch ist machtvoll! Nur versteckt ihr während eures Inkarnationszykluses im Dualen Universum eine lange, lange Zeit diese Macht vor euch selbst. Ihr versteckt sie in eurem eigenen Inneren und sucht sie oft außerhalb von euch. Und es dauert viele Inkarnationen, bis ihr sie wirklich findet.

Nun ist es so: In diesem Dualen Universum gelten für alle gleiche Gesetzmäßigkeiten!

Das bedeutet, dass alle belebten Planeten und ihre Bewohner einen ähnlichen Zyklus durchlaufen wie die Menschen auf der Erde.

Das Vergessen eurer eigenen Göttlichkeit und Schöpfermacht habt ihr alle gemeinsam! Es gilt für dieses gesamte Duale Universum! Auf allen bewohnten Planeten gibt es Zeitebenen, in denen dieses Vergessen sehr ausgeprägt ist, wobei ihr euch in Kämpfe verstrickt, und irgendwann, wenn eure innere Reife es zulässt, setzt die Bewusstheit ein und damit ein umfassendes Erwachen. Auch andere Planeten haben einen ähnlichen Spielrahmen wie die Geschichte der Erde.

Ebensogut gibt es Realitätsebenen, irdische und außerirdische, wo der Bewusstheitsgrad weiter fortgeschritten ist als in eurer derzeitigen Realität.

Wenn das Bewusstseins- und Schwingungsniveau eines Planeten und seiner Bewohnern eine bestimmte Klarheit erreicht hat, geht er über in den feinstofflichen Bereich – ins Paralleluniversum.

Es gibt dabei eine Übergangsphase starker Durchlichtung, die sowohl der Planet durchläuft als auch jede Seele, die sich in diesem Dualen Universum befindet.

Ihr empfangt zum Teil Botschaften, die von anderen Planeten zu euch getragen werden, z.B. von der Venus oder den Plejaden, und diese Botschaften kommen oft aus lichtvollen Realitätsebenen dieser Planeten, die den Entwicklungsschritt, der jetzt auf der Erde ansteht, bereits getan haben. Dann sind diese Botschaften für euch lichtvoll, liebevoll und hilfreich. Aber auch die anderen Planeten haben Realitätsebenen, die sich in Dunkelheit und Unwissenheit befinden.

Wir hatten euch im ersten Buch die Seelenalter durchgegeben, und wenn die Persönlichkeit eine bestimmte Menge an Inkarnationen hinter sich gebracht hat, dann erwacht sie zunehmend, und sie bevorzugt in dieser Phase der Entwicklung Realitätsebenen, die diesen Übergang in den feinstofflichen Bereich und die damit verbundenen Veränderungen repräsentieren. Weil dort das, was in eurem Inneren als Schritt ansteht, auch räumlich erfahrbar ist!

Und die turbulente Übergangsphase, in der ihr euch befindet, gibt es ebenfalls auf jedem bewohnten Planeten dieses Dualen Universums!

Und wenn ihr diesen Aufstieg erfolgreich bestanden habt, seid ihr Anwärter für die Aufgestiegenen Meister. Seid gesegnet.

Frage: Wie vollzieht sich diese Meisterschaft normalerweise?

Konfuzius

Am Anfang der spirituellen Entwicklung stehen häufig einige wundersame Erlebnisse, das können meditative Erfahrungen sein, luzide Träume oder ähnliches. Diese Erfahrungen schicken euch eure geistigen Führer, damit ihr aufwacht.

Das setzt auch voraus, dass bei euch eine Bereitschaft dafür vorhanden ist. Eine gewisse Neugier – ein Teil von euch, der wissen möchte und nach einem größeren Weltbild verlangt.

Wenn ihr nun diese wundersamen Erlebnisse hattet, findet bei vielen ein innerer Kampf statt. Euer Verstand sträubt sich für gewöhnlich gegen diese neuen Botschaften, weil es in sein bisheriges Weltbild nicht hineinpasst. Oft finden dann innere Streitgespräche zwischen Verstand und innerer Weisheit statt.

Nachdem ihr geöffnet wurdet, beginnt ihr meistens Bücher zu lesen, besucht Seminare und werdet auf der Traumebene entsprechend eurer Entwicklung unterrichtet. Dabei wird ein Entwicklungsplan für euch erstellt.

Die Klärung der Gefühle steht dabei an erster Stelle!

Viele Menschen in eurer modernen Gesellschaft haben ihre Gefühle total verdrängt, sie sind nicht mehr in Kontakt mit ihnen, weil sie Angst davor haben. Sie sind dann innerlich unsicher, auch anderen Menschen gegenüber. Sie kapseln sich ab und engen sich damit ein, auch in ihrer Wahrnehmung. Diese selbstgeschaffenen Muster müssen erst einmal erkannt und bearbeitet werden.

Eure Gefühle sind ein wichtiger Bestandteil auf dem Weg zu eurer Intuition, zu eurer inneren Weisheit, zur ureigenen Führung und inneren Stimme!

Ein Teil in euch, der Entwicklung möchte, strebt danach, dass es harmonisch zugeht! Und das zu erschaffen, ist eure Aufgabe!

Hat eine Person lange Zeit ihre wahren Gefühle verdrängt, kann sie in eine Phase eintreten, wo die Gefühle so etwas wie ein Eigenleben aufführen. Sie könnte die Erfahrung machen, dass ihr Auseinandersetzungen emotional sehr zu schaffen machen, dass sie unvermittelt in Tränen ausbricht, dass sie heftige Gefühlsausbrüche hat und dergleichen mehr.

Wenn euer Gefühlskörper allmählich in die Balance kommt, strebt er danach, Harmonie zu erreichen und in allen Lebenssituationen zu halten.

Und dann geht die Entwicklung über in den Mentalkörper, denn endgültige Harmonie erreicht ihr erst, wenn ihr euch mit euren Gedanken auseinandersetzt.

Das Selbstwertgefühl ist dabei sehr wichtig!

Welche Überzeugungen habt ihr persönlich zu eurer eigenen Person?

Könnt ihr euch annehmen, so wie ihr seid?

Könnt ihr mit allen Teilen von euch, auch mit denen, die ihr auf den ersten Blick ablehnt und nicht leiden könnt, in Frieden kommen?

Könnt ihr euch selbst in Liebe annehmen, ohne zu nörgeln und abzuwerten?

Das sind die Dinge, die in eurem Mentalbereich, in euren Gedanken, erkannt und korrigiert werden müssen.

Je mehr ihr euch selbst annehmen könnt, um so ausgeglichener, zufriedener, freudiger und stärker werdet ihr!

In dem Moment, wo die Entwicklung übergeht in euren Mentalkörper, werdet ihr auch bewusst mit eurer Schöpfermacht konfrontiert. Ihr werdet gezwungen, die Verantwortung für eure Gedanken zu übernehmen.

Schwierigkeiten mit der Schöpfermacht

Konfuzius
Die meisten von euch machen Bekanntschaft mit ihrer Schöpfermacht im eigenen Inneren. Und da ihr in eine duale Welt hineingeboren worden seid, habt ihr die Möglichkeit, positiv und negativ zu erschaffen.

Dabei werden regelrechte Kriminalstücke aufgeführt mit fremdartigen Bösewichten und gefährlichen Energien, die euch attackieren, mit einer dunklen Macht, die ihr nach Herzenslust bekämpfen könnt.

Ihr seid Hauptdarsteller, Opfer, Kämpfer und Schreiber des Stückes zugleich!

Nachdem ihr dann eine Weile gegen euch selbst gekämpft habt und müde werdet, beschließt ihr euch Hilfe zu rufen: Ihr ruft nach Gott, den Erzengeln, Aufgestiegenen Meistern und wen ihr sonst noch kennt und ladet uns ein, in euren inneren Kampf einzutreten. Ihr hättet gern einen Streiter an eurer Seite, der mit euch die schwarzen Mächte zurückschlägt! Wir kommen dann, hüllen euch ein in eine Aura des Friedens, signalisieren, dass wir da sind, und warten ab!

Manche geben uns ihre Winkelzüge und Kampferfahrungen weiter, weihen uns in ihre Vorsichtsmaßnahmen ein und erzählen von Beschlüssen, die sie gefasst haben im Kampf gegen das Böse.

Irgendwann merkt ihr dann, dass ihr immer noch genauso kämpft wie vorher: Die dunklen Mächte lassen sich ganz offensichtlich nicht beeindrucken von unserer Präsenz. Und ihr verfallt schließlich auf die Idee, wir wären genauso hilflos und ohnmächtig in euren inneren Kampf verwickelt wie ihr, oder wir verweigerten euch die Unterstützung, weil ihr nicht gut genug seid!

Unsere Aufgabe ist es, euch begreiflich zu machen, dass dieses Stück – bei vielen sind es ganze Serien – in eurem Inneren stattfindet! Ihr seid Regisseur, Hauptdarsteller und Gegenspieler!

Eure inneren verdrehten Überzeugungen haben das Drehbuch geschrieben! Eure Schöpfermacht bringt es zur Aufführung!

Ihr seid vom Inhalt eures Stückes so in Bann geschlagen, dass ihr euch heftig dagegen sträubt, es als euer Produkt anzuerkennen. Für euch ist es absolut real!

Jede Einmischung von uns würde die Schlacht unweigerlich verlängern. Aus diesem Grund warten wir ab, bis ihr vom vielen Kämpfen so erschöpft seid, dass ihr einschlaft.

Wir nehmen euch dann mit auf die Traumebene, unterstützen eure innere Harmonie und unterrichten euch über eure Schöpferkraft.

Alle göttlichen Wesen stehen euch liebend zur Seite, und wir hoffen alle inständigst, dass für jeden Einzelnen von euch die Nacht kommt, wo ihr euer eigenes Spiel, euren eigenen Kampf erkennt und beendet! In Liebe, Konfuzius.

Frage: Wie kann man diesen Kampf beenden?

Konfuzius
Lasst uns gemeinsam untersuchen, wie ihr das Ganze in Szene setzt:

Am Anfang steht meist eine Wahrnehmung – unmittelbar danach erfolgt eine Negativbewertung, und zwar von euch! Ihr sagt euch: Da stimmt etwas nicht!

Ihr schaltet innerlich auf Alarm – euer Misstrauen kocht über! Und nun geht ihr in Erwartungshaltung. Eure Erfahrung berät euch, sie sagt: Wenn A stattgefunden hat, folgt darauf B, C und D!

Ihr ergebt euch in euer Schicksal und beschließt: Ich reagiere nach Schema-F! Darin habe ich schon Erfahrung!

Und was dann folgt, sind Stunden des Leides, der Angst, des Kampfes, der Ohnmacht und Verzweiflung. Viele von euch produzieren diese inneren Dramen in Serie und suchen bei jeder Aufführung nach der einen hochmagischen Beschwörungsformel, die euch diesen Kampf gewinnen lässt!

Und wir sagen euch an dieser Stelle: Ihr könnt diesen Kampf niemals gewinnen, weil ihr gegen euch selber kämpft!

Aber ihr könnt ihn zu jeder Zeit beenden! Die Formel für das Ende des Kampfes lautet:

„Ich bin in Frieden, Ruhe und Harmonie mit allem, was ist!"

Dann steht auf, nehmt eure Gedanken mit aller Macht, die ihr aufbringen könnt, aus dem negativen Fokus und lenkt euch auf irdischer Ebene mit positiven Beschäftigungen ab! Seid gesegnet!

Der Entwicklungsschritt von der reifen zur alten Seele

Kuthumi über die Seelenalter und das Wühlen in alten Mustern
Wir segnen euch mit Liebe, das ist Kuthumi.

Reife Seelen haben die Neigung, sich selbst ganz genau zu beobachten, sie erforschen ihre körperlichen Symptome, ihre psychischen Zwangshandlungen, indem sie eintauchen in die Situation, ein Geschehnis aus der Vergangenheit aufdecken, und dabei machen sie die Erfahrung von psychischer und körperlicher Erleichterung. Irgendwann haben sie all ihre ungewöhnlichen Handlungen und Symptome hinterschaut und aufgelöst. Und jetzt kommen sie in das Stadium der alten Seele!

Die Aufgabe der alten Seele ist es, das Potential ihrer Schöpfermacht und Göttlichkeit in sich zu entfalten! Sie tut es, indem sie aufsteht aus dem Schlamm der Vergangenheit und ihre Eigenmacht und Göttlichkeit lobpreist. Sie programmiert sich sozusagen selbst!

Die alte Seele schüttelt die Vergangenheit und das Leid ab und konzentriert sich auf den positiven Einsatz ihrer Gedanken und erschafft sich damit eine Realität, die sie immer bewusster verbessert.

Nun befinden sich viele von euch im Übergangsstadium von der reifen zur alten Seele.

Als reife Seele hattet ihr die Erfahrung gemacht, dass euch Wühlen in der Vergangenheit Erleichterung verschafft. Jetzt gibt es nichts mehr rückzuanalysieren!

Ihr könntet eine Zeitlang auf die Idee verfallen, euch Symptome und Möglichkeiten zum Wühlen aus den Fingern zu saugen. Aber wenn es keine wirklichen körperlichen Symptome mehr gibt, wenn da keine Zwangshandlungen mehr sind und der psychische Stress keine Kapriolen mehr schlägt – dann seid ihr für den Entwicklungsschritt der alten Seele bereit. Er lautet:

Entfalte deine eigene Schöpfermacht – bewusst und konstruktiv!
Seid gesegnet, das war Kuthumi.

Frage: Ich habe eine Blockade und möchte sie gern auflösen oder zumindest verstehen, warum es bei mir nicht vorwärtsgeht, und was ich persönlich dafür tun kann?

Konfuzius
Sei gesegnet, das ist Konfuzius.
Welcher Art ist die Blockade?

Antwort: Das weiß ich selber nicht!

Konfuzius
Gut, wir schalten eine Verbindung über dein Hohes Selbst.
Lieber ..., du bist an einem ganz bestimmten Punkt in deiner Entwicklung, wo deine Schöpfermacht deutlich zum Vorschein kommt. Und dieser Schritt verlangt, dass du ganz genau in dich hineinhörst, was du dir innerlich sagst – die Dinge, die du zu dir selbst sprichst!
Du bist die Person, die in sich Energien erschafft, das tust du durch deine Gedanken. Du kannst die Energie so verwenden, dass du dir Zustände der Begeisterung erschaffst, aber du kannst sie auch abwertend einsetzen, indem du unfreundlich zu dir selber sprichst und dich verurteilst. Die Wahl deiner Gedanken erschafft Energien, und so kannst du dir auch selbst Blockaden erschaffen, die dich auf der Stelle treten lassen.
Erkenne deine inneren Gespräche als einen Akt der Schöpfung!
Sie bringen gefühlsmäßige Zustände hervor, die dein Bewusstsein entweder blockieren oder in euphorische Höhen transformieren.
Schau dir an, was du dir innerlich sagst, was da in deinem Kopf abläuft. Welche Schallplatte spielst du gerade?
Und wenn du merkst, dass das, was du denkst, nicht die höchste Wahl ist, sondern eher deiner Erniedrigung dient, dann stoppe diese Gedanken sofort und lenke willentlich gegen.

Dieses Gegensteuern ist ein Akt des Willens, der Konzentration auf deine Stärken, auf das Positive in deinem Leben! Schüttle die Selbstabwertung ab!

Das erfordert Bewusstheit – Bewusstheit darüber, was du denkst!

Deine Gedanken haben die Macht, Zustände hervorzubringen, und die lange gepflegten Zustände ziehen wiederum Ereignisse heran. So funktioniert deine Schöpfermacht!

Achte auf deine Wahl, dann wird auch deine Blockade verschwinden!

Und wisse, dass du die Kraft hast, da wieder herauszukommen! Die Kraft gegenzusteuern liegt in dir. Tue es willentlich! Sei zuversichtlich – du kannst es!

Konfuzius über die Wichtigkeit der Zentrierung
Was für euch in eurer Zeitebene immer wichtiger wird, ist, dass ihr lernt, euch stets in einen ausgeglichenen, harmonischen Zustand zu versetzen und diesen auch zu halten. Dass ihr darüber hinaus lernt, eure Gedanken zu kontrollieren und nur positive Visionen auszusenden. Eure Gedanken setzen sich immer schneller in Erlebnisse um! Und das Tempo der Umsetzung wird sich weiter erhöhen und in einigen Jahren solltet ihr soweit sein, dass ihr überhaupt keine unbewussten Gedanken mehr hegt! Dass ihr die gefühlsmäßige Freude und die Klarheit eurer Gedanken immerfort in euch tragt.

Ihr könnt eure Schöpfermacht dazu einsetzen, um euch im Inneren sowie im Äußeren ein Paradies zu erschaffen, aber ihr könnt diese Macht auch dahingehend verwenden, dass ihr euch innerlich mit Schmutz bewerft und den äußeren Weg mit Hindernissen bestückt.

Beachtet eure Gedanken und wie sie Einfluss nehmen auf eure Gefühle und den Energiehaushalt in eurem Körper. Das ist eure Schöpfermacht!

Sie ist energetisch neutral! Aber eure Gedanken bestimmen, wofür ihr sie einsetzt!

Wenn ihr euch selbst dabei ertappt, dass ihr gerade etwas Negatives gedacht habt, dann streicht diesen Satz, löscht ihn willentlich aus und ersetzt ihn durch eine bessere Wahl!

Dadurch lernt ihr, spielerisch mit eurer Schöpfermacht umzugehen. Das ist in eurer Zeit sehr wichtig!

Menschen, die sich mit Inbrunst in negativen Gedanken und Gefühlen erschöpfen, haben es in der jetzigen Zeit sehr schwer. Sie erschaffen sich eine innere und äußere Hölle, da ihre Gedanken mit ungebremster Kraft das erschaffen, was sie unbewusst befürchten. Und wenn sie nicht fähig sind, es in den nächsten Jahren zu erkennen und zu verändern, werden sie sich dabei selbst vernichten!

Es ist dringlich, dass ihr alle lernt, eure Gedanken zu kontrollieren und positiv zu korrigieren!

Löscht alles Negative und ersetzt es durch positive Gedanken. Das hilft euch sehr!

Frage: Ich bin manchmal über meine eigenen Gedanken entsetzt, weil ich mich dabei ertappe, dass ich etwas Gehässiges denke oder jemanden bewerte. Wie kommt das nur, dass diese Gedanken immer wieder so aufsässig zurückkehren?

Konfuzius
Liebe ..., das ist Trainingssache! Gehe damit so um, wie wir es gerade erklärt haben: Löschen und Gegensteuern! Wenn du eine Person bewertest, dann streiche den Gedanken und suche dir etwas Sympathisches an diesem Menschen! Und werte dich in diesem Moment nicht selbst ab, weil du wieder nicht perfekt gewesen bist – das ist Energieverschwendung!

Mache danach einen Punkt, und damit ist die Angelegenheit erledigt.

In eurer Zeit gibt es viele Menschen, die sich verstricken in ein persönliches Chaos, die sich Situationen erschaffen, die sie herunterziehen, und jetzt ist die Zeit zu erwachen!

Jetzt ist die Zeit zu erkennen, welche Macht in euren Gedanken steckt! Und jetzt ist die Zeit, gedanklich gegenzusteuern! Beginnt jetzt damit! Das ist wichtig!

Eure Gedanken erschaffen eure Erfahrungen und die Umstände, in denen ihr lebt!

Und wenn ihr euch in eurem Kollegen- und Bekanntenkreis umschaut, dann seht ihr leichter, wie sich deren Gedanken auswirken und welch vehemente Kraft dahintersteht. Seid liebevoll zu euch selbst!

Darin liegt die größte Veränderungskraft!

Das Erschaffen von Christuspräsenz und Allmacht

Konfuzius
Wir vermitteln euch jetzt eine Übung, bei der ihr Allmacht und Christuspräsenz in eurem Inneren erschaffen könnt. Das ist der Zustand, in dem Jesus über diese Erde wandelte!

Und es würde euch sehr helfen, dieses Gefühl in euch zu erschaffen!

Wenn wir von Christuspräsenz und Allmacht sprechen, dann sind das nicht nur leere Worte, es handelt sich dabei um ein gelebtes Gefühl der Allmacht, welches euch, wenn ihr es anwendet, sehr voranbringen würde!

Stellt euch ganz einfach einen Augenblick vor, ihr wäret als Jesus auf der Erde inkarniert. Ihr besäßet all seine Fähigkeiten und Talente, seine Weitsicht und eine klare Verbindung in hohe geistige Ebenen.

Ihr hättet ein großes Herz und wäret sehr machtvoll. Ihr brächtet bei jedem Schritt und jeder Bewegung eure angeborene Göttlichkeit zum Ausdruck.

Es wäre sehr nützlich, wenn ihr dieses Bewusstsein in euch erschaffen könntet!

Wir geben euch jetzt eine Übung dazu:

Wir zentrieren als erstes die feinstofflichen Körper. Erinnert euch an die Stärke und Leistungsfähigkeit eures physischen Körpers, nehmt dazu eine Szene aus eurer Vergangenheit, wo ihr die Kraft eures physischen Körpers deutlich gespürt habt. Belebt das Gefühl von damals und lasst es mit einem kurzen Ruck ausstrahlen in euren Ätherkörper. Nun erinnert euch an freudvolle, von Liebe gekennzeichnete Momente, bringt sie in euer Bewusstsein, und wenn das Gefühl am intensivsten ist, lasst es mit einem weiteren

Ruck ausfließen in euren Emotionalkörper. Und jetzt erinnert euch an die Brillianz eures Mentalkörpers, wählt dafür Momente der Weisheit, bestandene Prüfungen, kluge Entscheidungen und lasst das Gefühl eurer geistigen Klarheit mit einem Ruck in den Mentalkörper ausströmen. Nun sind alle Körper zentriert. Fühlt die Stabilität und Größe eurer Aura!

Konzentriert euch jetzt auf euren göttlichen Kern, er wohnt in eurem Herzchakra, und lasst ihn wachsen wie eine kleine Sonne!

Nun geht mit eurer Aufmerksamkeit zum Kronenchakra, nehmt Verbindung auf zu eurem Hohen Selbst. Ihr könnt euch das Hohe Selbst wie eine größere Sonne oberhalb des Kronenchakras vorstellen. Spürt die Energie – bestellt euch Unterstützung!

Jetzt geht weiter nach oben, lasst eure Energie ausfahren wie eine Antenne hoch in den Kosmos, visualisiert die Ebene der Aufgestiegenen Meister – stellt euch dafür einen kosmischen Regenbogen vor. Ruft nach eurem Kausalkörper – eine göttliche Präsenz, die ihr einladen könnt. Dieser Körper erinnert sich an das vollendete Sein, bevor ihr dieses Duale Universum betreten habt. Er erinnert sich an die Allmacht, an die Schöpfermacht, an gelebte Christuspräsenz, innere Größe und allumfassende Liebe, er erinnert sich daran, wie es sich anfühlt, ein Gott, eine Göttin zu sein.

Stellt euch nun einen Moment mit Hilfe eurer Vorstellungskraft auf diese Ebene und werdet Eins!

Spürt, wie sich die Energie eures Kausalkörpers mit eurer vermischt – fühlt eure eigene Gottheit, die Macht eurer Schöpfung, die Quelle unendlicher Liebe, das Licht, die Klarheit und Weisheit eures ungeteilten Wesens!

Nun stellt euch vor, wie über die Verbindung eures Chakrenkanales ein goldener Regen zu euch hinabfließt, wie er die Ebene eures Hohen Selbstes passiert und wie er in dem Maße von eurem feinstofflichen System aufgenommen wird, wie es jetzt für euch richtig ist.

Spürt, wie dieser goldene Regen eure feinstofflichen Körper erquickt, wie er euch schwingungsmäßig anhebt, wie er eure Liebesfähigkeit steigert und wie euch eure ganze Göttlichkeit, eure ganze

Kraft, eure ganze Klarheit, eure unermessliche Weisheit immer mehr ins Bewusstsein dringen.

Und wie sich dieses Energiepotential in eurem physischen Körper verankert; in euch unerschütterlichen Frieden, Liebe für alles, was ist, das Gefühl der Allmacht, Schöpferkraft, Klarheit, Wahrhaftigkeit und Weisheit durch alle physischen Poren ausstrahlt!
Ihr seid göttlich! Ihr seid machtvoll! Euer Ursprung liegt in der Quelle der Liebe! Seid euch dessen in jedem Moment des Lebens und für alle Zeiten bewusst!

Kehrt nun wieder zurück in euer Alltagsbewusstsein und bemerkt die angenehmen Veränderungen in eurem Sein!

Ihr solltet diese Übung zu Anfang nicht mehr als einmal in der Woche machen!
(Diese Übung wird es ab Sommer 2004 als CD geben.)

Körperliche Symptome und die Erforschung der Hintergründe

Frage: Ich möchte gerne wissen, was meine Schmerzen in meiner Schulter und meinem Arm bedeuten? Die Schmerzen sind allmählich so groß, dass ich anfange, mich zu sorgen. Was kann ich da tun?

Konfuzius
Meine Liebe, wenn du bereit bist, würden wir gern mit dir gemeinsam deine Schmerzen erkunden!
Zu welchem Zeitpunkt haben deine Schmerzen begonnen?

Antwort: Vor ungefähr 6 Wochen!

Konfuzius: Was hast du zuvor getan?

Antwort: Wie immer zuviel!

Konfuzius
Mit welcher Einstellung hast du es getan?

Antwort: Wahrscheinlich immer mit einer recht kämpferischen Einstellung, ... dass ich das jetzt durchhalten muss! So kommt mir das heute auch noch vor. Aber ich kann keine andere Lösung sehen! Bei bestimmten Dingen fühle ich, dass ich sie durchhalten muss!
Ich habe bei meinen Eltern im Haus den Dachboden entrümpelt, und ich konnte das schlecht absagen.

Konfuzius
Liebe ..., du bist ein sehr, sehr hilfsbereiter Mensch! Und das nicht nur innerhalb deiner Familie.

Du nimmst gerne anderen Menschen Arbeiten ab und lädst dir dabei etwas auf.
Wenn du jetzt in deine Schulter hineinspürst, wie fühlt sich dieser Schmerz an? Beschreibe ihn!
Was fühlst du?

Antwort: Es ist irgendwie erschreckend! Es ist ein Nervenschmerz, und es brennt über den ganzen Arm. Manchmal ist es gedämpft, dann wieder sehr akut. Wenn ich mich überanstrenge, ist es noch schlimmer! Aber selbst in Ruhephasen ist der Schmerz teils intensiv vorhanden, selbst beim Schlafen. Das macht mir große Sorgen!

Konfuzius
Du spürst diesen Schmerz also als brennend?

Antwort: Ein brennendes Problem – ja!

Konfuzius
Wenn du dir deinen Alltag so anschaust, wo verausgabst du dich brennend?

Antwort: Ganz normal bei der Bewältigung dieses Alltages!

Konfuzius
Wie schaffst du das? Das schaffst du über deine Gedanken – die Art und Weise, wie du denkst!
Was muss jemand denken, der dein Leben so wie du leben möchte? Was muss er sich innerlich sagen bei all den Erledigungen?

Antwort: Ich habe keine Ahnung! Aber er wird bestimmt sagen: Die ist total verrückt! Die macht viel zu viel!

Konfuzius
Liebe ..., was sagst du dir innerlich? Wie treibst du dich an? Was brennt dir unter den Nägeln? Was brennt dir in deinem Leben?

Antwort: Das ist ein guter Hinweis! Ja, ich denke, es brennt mir auf den Nägeln, dass ich diese kreativen Dinge gebären möchte, die nicht rauskommen, weil sie überlagert sind von zuviel äußerer und innerer Aktivität. Aber das muss ja auch erledigt werden! Manchmal wünschte ich mir eine Hilfe, eine Person, die da ist, aber die müsste finanziert werden. Das wäre so meine Wunschvorstellung.

Konfuzius
Das, was du da herausgefunden hast in diesem Dialog, sind die Hintergründe deiner Schmerzen.

Nun ist es so, du erschaffst dir durch deine Gedanken deine inneren Spannungen – den Druck, der in dir brennt. Und das materialisiert sich dann auf Körperebene. Und nun liegt es an dir, da umzudenken! Was könntest du tun und anders organisieren?

Wie könntest du deinen Alltag, den Haushalt, die Termine, die Telefonate, all die Dinge, die du organisieren möchtest, in einen Rahmen bringen, so dass sie erledigt sind und du Zeit findest für das, was dir am Herzen liegt? Was wäre deine Idee der Veränderung?

Antwort: Das ist eine gute Idee! Ich könnte z.B. bestimmte Tage oder auch Tageszeiten, vormittags und nachmittags, anders verteilen. Aber manchmal bin ich so erschöpft, dass ich so eine Regelmäßigkeit nicht einhalten kann, weil ich dann einfach energetisch nicht mehr kann und eine Pause brauche. Die nehme ich mir dann auch ganz bewusst!

Ich habe das Gefühl, dass ich meine Zeit sehr wohl strukturiere, um mir diesen Freiraum zu schaffen. Aber dieser Freiraum ist für das, was ich möchte, noch viel zu gering.

Konfuzius
Meine Liebe, du bist eine Person, die sehr viel Druck ausübt auf sich selbst! Du bist sehr kämpferisch. Ein Teil von dir möchte immerzu informiert sein über alles, was läuft. Ein Teil von dir möchte gern alle Fäden in der Hand halten. Und das verursacht dir Erschöpfung! Verstehst du das?

Antwort: Das klingt sehr plausibel. Das passt auch gut zu meinen Gedanken und zu dem, was ich mir innerlich sage.

Konfuzius
Was könntest du an deinen Gedanken abändern? Es beginnt mit deinen Gedanken! Mit dem, was du dir innerlich sagst! Die Art und Weise, wie du dich innerlich antreibst. Und die Dinge, von denen du glaubst, dass du sie kontrollieren müsstest. Die Informationen, die du zu benötigen glaubst.

Diese Dinge geschehen in deinen Gedanken und dort beginnt auch die Veränderung!

Beobachte doch einmal eine Zeitlang das, was du denkst und dir innerlich sagst. Schaue dir deine eigenen Gedanken an! Die Art und Weise, wie du zu dir selber sprichst. Und dann fühle da hinein, welche Energie du dabei in dir erzeugst? Und frage dich, ob du diese Mischung brauchst oder ob du etwas verändern möchtest?

Antwort: Das ist ein sehr guter Rat! Ich werde auf jeden Fall versuchen, es herauszufinden.

Ich denke, dass das mit einer Angst zu tun hat, dass die Dinge nicht so reibungslos funktionieren, wenn ich die Kontrolle da abgebe. Das hat natürlich auch mit Erfahrung zu tun!

Aber es ist auf jeden Fall sehr anstrengend so!

Konfuzius
Ja, meine Liebe, du könntest dir das Leben leichter machen. Vertraue, dass die Dinge, die abgesprochen sind, sich auch realisieren! Vertraue darauf, dass du fähig bist, die Fäden loszulassen – zumindest einzelne davon. Und vertraue auf dein inneres Gleichgewicht, dass du dir deine Zeit so gestalten kannst, dass sie für dich absolut wertvoll ist und du zu dem kommst, was dir am Herzen liegt.

Und auch dann setze dich nicht unter Druck!

Antwort: Der Druck entsteht natürlich auch über die wirtschaftliche Seite. Mir machen solche Dinge wie Mietausfall große Sorgen.

Konfuzius
Wir verstehen dich! Aber schaue dir einmal den Punkt des Vertrauens an – im Alltag bei deinen Gedanken! Und wäge ab, wie groß dein Vertrauen ist, dass alles im Fluss ist und bleibt? Dass dir alles zur rechten Zeit zur Verfügung steht!
Schaue dir diesen Punkt in deinen Gedanken an!

Antwort: Das müsstest du eigentlich wissen, dieses Vertrauen ist eigentlich da! Manchmal wird es strapaziert, wenn es eng wird. Aber die eigenen Sorgen sind oftmals gar nicht so schlimm, weil ich ja weiß, dass alles im Fluss ist. Und für jeden ist es im Moment schwierig! Und manchmal hakt es ganz einfach, und da komme ich ins Kämpferische – ins Überleben. Obwohl ich weiß, dass es gar nicht ums Überleben geht!

Konfuzius
Liebe ..., noch ein Wort zum Kämpfen: Du bist eine Kämpfernatur! Und es ist auch nicht so, dass du die Einzige bist auf diesem Planeten – es gibt viele!

Und du solltest wissen, dass sich jeder Kämpfer sein „Schlachtfeld" erschafft! Und damit auch die Energie des selbsterschaffenen „Angreifers", und der muss nicht immer personifiziert sein.

In dem Moment, wo du kämpfst – und das beginnt in den Gedanken – sendest du aus:

„Ich kreiere mir mein Umfeld so, dass es problematisch ist! Ich brauche diese Energie, um in meinen gewohnten Parametern zu agieren!"

Das war jetzt eine Randbemerkung, über die du noch einmal nachdenken könntest!

Antwort: Das werde ich tun!

Ihr alle seid medial!

Frage: Konfuzius, erzähle mir doch mal, wenn du immer sagst ...wir, wer ist denn noch bei dir?

Konfuzius
Wir sagen wir, weil wir uns nicht als Einzelwesenheit betrachten. Es ist so: Der gelbe Strahl, der etikettiert wurde mit dem Schild „Konfuzius", besteht aus sehr, sehr vielen Wesenheiten. Wir vermischen im Kollektiv unsere Energie und senden diesen Strahl zur Erde und schalten innerhalb des Kollektives wechselnde Verbindungen. Das ist eine weite Verzweigung, die auch dann zum Tragen kommt, wenn ihr nach euch nahestehenden Menschen fragt. Und deswegen ist das mehr eine kollektive Arbeit!

Das Etikett „Konfuzius" ist vor allen Dingen für die Menschen auf der Erde an diesen Strahl gehaftet worden. Andere Planeten, mit dessen Bewohnern wir ebenfalls in Verbindung stehen, benutzen andere Namen. Wir könnten auch sagen: Hier ist der gelbe Strahl!

Aber durch das Etikett „Konfuzius" habt ihr die Möglichkeit, dieser Energie eine bestimmte Eigenschaft zuzuordnen, weil ihr wisst, Konfuzius war ein Weisheitslehrer!

Der gelbe Strahl befasst sich mit den Entwicklungsschritten zur Annahme der eigenen Schöpfermacht! Die Energie von „Konfuzius" ist ein Kollektiv. Wir transformieren unsere Schwingung herunter, hüllen den Kanal vollständig ein und schicken ihm Gedankenbündel, die dann in Sprache übersetzt werden.

Frage: Habt ihr als Kollektiv auch das Gefühl, dass ihr zu uns inkarnierten Menschen jetzt einen intensiveren Kontakt aufbauen könnt, als dass noch vor 10, 20 oder 50 Jahren möglich war?

Konfuzius
Auf jeden Fall! Auch die Art und Weise, wie der Kontakt auf eurer Zeitebene stattfinden kann, ist sehr viel klarer als mit anderen Zeitebenen, die vom Schwingungsniveau noch niedriger sind!

In der Vergangenheit war es üblich, dass ein Medium, welches mit der Meisterebene in Kontakt stand, für diesen Zeitraum das eigene Ich vergessen musste, es befand sich in einem Zustand der Ohnmacht. Es wurde schrittweise übernommen aus den Lichtwelten und vorbereitet auf immer höher schwingende Wesenheiten. Das Medium wurde sozusagen während der Zeit der Durchgaben von einer Fremdenergie gesteuert und der eigene Verstand war dabei ausgeschalten. Es konnte sich auch danach an keine einzige Aussage erinnern.

Und dadurch entstand oft eine entwicklungsmäßige Kluft zwischen der Persönlichkeit des Mediums und der Qualität der Durchsagen. Diese Menschen konnten oft das Wissen, welches im Zustand der Katatonie durch ihren eigenen Kanal floss, nicht hilfreich in ihrem eigenen Leben umsetzen. Es war mehr für spätere Generationen und andere Menschen gedacht!

Heute ist es eher so, dass ihr aufgrund dessen, dass sich die Schwingung erhöht hat und ihr mit eurer inneren Bewusstheit immer mehr in Kontakt kommt, auch die Kanaltätigkeit bei wachem Bewusstsein durchführen könnt. Ihr werdet nicht mehr ohnmächtig, sondern fokussiert eure Aufmerksamkeit auf einen ganz bestimmten Punkt und übersetzt die empfangenen Gedankenpakete.

Damit geht ein intensiver Entwicklungsprozess einher. Ihr empfangt einerseits das Wissen und setzt es mit geringer Verzögerung in eurem eigenen Leben um. Das war früher so nicht möglich!

Frage: Wenn die Entwicklung so ist, wie du das beschreibst, was bedeutet das für euch? Für den gelben Strahl und für alle anderen?

Konfuzius
Wenn wir jetzt in den Zeitebenen zurückwandern, dann gab es vor 1900 nur sehr wenige Medien auf der Erde. Ausnahme dabei sind

bestimmte energetische Hoch-Zeiten, die in einem bestimmten Rhythmus in der Akasha-Chronik auftauchen, sogenannte „Aufstiegszeiten", die mit Schwingungserhöhungen einhergehen. Betrachten wir die letzten 100 Jahre:

Vor 1900 gab es nur einzelne Medien, die ihre Botschaften alle ohne eigene Bewusstheit durchsagten.

Circa um 1950 herum wurden die Medien zahlreicher, aber die Art und Weise der Übertragung war immer noch mit sehr viel Unbewusstheit und Ohnmacht verbunden. Seit den 80er Jahren gibt es immer mehr Channels, die bei wachem Bewusstsein arbeiten. Sie hören diese Botschaften in ihrem Inneren, als ob sie gerade Selbstgespräche führten, und sprechen sie laut aus oder schreiben sie auf.

Botschaften zu empfangen ist eine ganz normale Anlage, die jeder Mensch hat!

Ihr seid ständig in Kontakt, einmal mit euren unsichtbaren Begleitern, die euch Gedanken übermitteln, mit eurem Hohen Selbst, mit geistigen Lehrern, mit Meistern und Erzengeln. Und die Zahl derer, die sich dieser inneren Zwiesprache bewusst werden, erhöht sich stetig!

Mit den Zeitebenen, die gerade den Aufstieg durchlaufen, arbeiten wir am intensivsten!

Und dadurch, dass wir euch unterstützen und uns bemühen, euch entwicklungsmäßig voran zu bringen, entwickeln wir uns auch selbst weiter! Weil auch die Meisterebene eine Entwicklungsstufe auf dem Rückweg zur Quelle ist! So ist alles miteinander verbunden und erhöht sich durch gegenseitige Hilfe!

Frage: Das war sehr, sehr interessant! Und ich danke euch dafür! Und wenn ich nach Venedig fahre, lade ich euch ein, uns zu begleiten und durch meine Augen zu schauen, wenn ich am Canale grande sitze. Könnt ihr das überhaupt?

Konfuzius
Wir danken für die Einladung! Es ist so: Wir können die irdische Realität wahrnehmen, wenn wir uns darauf einstellen. Nehmen wir

mit einem Medium Kontakt auf und schauen durch seine Augen, dann nehmen wir oft die Realität anders wahr, als ihr sie seht. Wir sehen dann eher eine schwingungsmäßige Strahlung, so ähnlich wie Aura-Sehen, aber wir haben auch die Fähigkeit, uns auf die irdische Wahrnehmung einzustellen.

Frage: Wenn ich euch rufe, um mit euch zu sprechen, oder einfach das Bedürfnis nach eurer Gesellschaft habe, seid ihr dann eigentlich gleich da?

Konfuzius
Liebe ..., sobald du den Gedanken aussendest: Ich möchte jetzt Meister Konfuzius sprechen oder Erzengel Gabriel oder Meister Hilarion, wird dieser Gedanke von deinem Hohen Selbst empfangen oder auch von deinen Geschwistern im feinstofflichen Bereich und geistigen Begleitern. Gedanken haben eine hohe Schwingung und können sich sehr rasch fortsetzen, sie sind nicht nur in deinem Kopf und ausschließlich von dir hörbar. Du sendest diesen Ruf aus, und er erreicht auch die Meister- und Erzengelebene.

Angenommen, du wählst jetzt den gelben Strahl, dann schicken wir aus unserem Kollektiv Wesenheiten, die dir zur Seite stehen und die dich in dem unterstützen, was dein Anliegen ist.

Frage: Mit anderen Worten, wenn ich euch nicht bitte, dann werdet ihr auch nicht für mich aktiv?

Konfuzius
Da hast du recht! Wir drängen niemandem unsere Unterstützung auf, weil wir sehr euren freien Willen achten. Wir halten uns zurück, bis wir gerufen werden. Wir unterstützen euch sehr gern, aber wir dürfen nicht einfach ungefragt in euer Leben einwirken und würden es auch nie tun!

Das verlangt der Respekt vor eurer Selbständigkeit!

Wenn ihr uns ruft, helfen wir euch gern und entwickeln uns auch selbst durch diese Hilfe weiter.

Frage: Es ist also ein Austausch! Aber er würde nicht stattfinden, wenn euch niemand bittet?

Konfuzius
Soweit ist deine Annahme korrekt! Es gibt allerdings auf diesem Gebiet Ausnahmen:

Wenn ein Abkommen zwischen euch und einem Meister geschlossen wurde, bevor ihr in diese Inkarnation gegangen seid, dann werdet ihr in einem bestimmten Rahmen unterstützt.

Angenommen, ein Mensch hat sich die Aufgabe gestellt, die Meisterjahre erfolgreich zu durchlaufen, er ist darüber hinaus medial, es handelt sich voraussichtlich um sein letztes irdisches Leben, und er möchte seinen irdischen Freunden als Medium dienen, dann bietet sich ein Abkommen mit der Meister- und Erzengelebene an. Ein solcher Vertrag wird geschlossen, bevor ihr inkarniert.

Diesem Menschen wird dann Unterstützung geschickt bei dem Prozess seines Erwachens und beim Erkennen seines eigenen Weges. Das bedeutet nicht, dass er durch dieses Abkommen verpflichtet ist, tatsächlich medial zu arbeiten. Die Möglichkeiten werden ihm offenbart, aber mehr als Angebot, und es ist euer gutes Recht, dieses Angebot auszuschlagen. Es wird kein Meister in Erscheinung treten und euch erinnern: „Würdest du jetzt bitte deinen Vertrag als Medium erfüllen!"

Das ist nicht unsere Art!

Ihr werdet unterrichtet und vorbereitet bis zu dem Punkt, wo ihr im Irdischen eure Fähigkeiten erkennt. Und dann warten wir auf euer Signal: „Ich möchte gern als Medium arbeiten!"

Antwort: Das war sehr interessant!

Frage: Es gibt Tage, da möchte ich gern etwas Bestimmtes auf die Reihe bringen, aber es gelingt nicht so, oder ich habe ganz einfach keine Lust und spüre, es ist nicht der richtige Zeitpunkt!

Dann tue ich irgend etwas anderes, meist schlage ich mehr oder weniger die Zeit tot und ärgere mich aber gleichzeitig darüber.

Kann man eigentlich immer zielstrebig, erfolgreich und zufrieden sein?

Konfuzius
Zielstrebig, erfolgreich und zufrieden – naja, gut!

Zufrieden zu sein, das wäre eine Möglichkeit, wenn ihr innerlich dazu bereit seid. Aber immer zielstrebig und erfolgreich zu sein, das wäre auf Dauer nicht sinnvoll.

Ihr braucht Phasen, in denen ihr euch zurücknehmt und mit etwas beschäftigt, was euch vergnügt und gleichzeitig interessiert. In den Momenten, wo ihr mehr oder weniger die Zeit totschlagt, seid ihr meistens nicht zufrieden, weil ihr euch in Ermangelung von etwas Besserem mit Dingen beschäftigt, die ihr negativ bewertet.

Spürt in euch hinein, es ist nicht sinnvoll, wenn ihr nur Erledigungen nachjagt!

Einige schaffen es sogar, sich in ihrer Freizeit Stress zu machen, indem sie sich so viele Termine und damit verbundene Verpflichtungen auftürmen. Und das nennt ihr dann Freizeit, die euch doch eigentlich Vergnügen bereiten sollte!

Wo ist eure Zeit für Hobbys und Kreativität, Zeit zum Lesen, Freunde zu treffen, gemeinsam zu spielen oder euch sportlich zu betätigen?

Manche verplanen ihre Freizeit so, dass sie selbst ihre Hobbys und privaten Verabredungen im Viertelstundentakt erledigen und abhaken – ohne innere Anteilnahme zur nächsten Verpflichtung!

Wen wollt ihr denn damit beeindrucken?

Oder was wollt ihr euch damit selbst beweisen?

Wenn ihr einer Kreativität nachgeht – einer künstlerischen Arbeit, dann werdet ihr Phasen der Selbstversunkenheit und Weltvergessenheit erleben, Momente der inneren Planung und Umsetzung des Empfangenen. Und ein wirkliches Kunstwerk lässt sich nicht zwischen fünf Telefonaten, äußeren Terminen, Besuchern, kochen und waschen mal eben einschieben!

Manchmal seid ihr ganz automatisch innerlich auf Empfang – die Kreativität sprüht nur so aus euch heraus, aber ihr glaubt, dass jetzt gerade nicht der Zeitpunkt dafür ist, ruft euch innerlich zur Ordnung, blockt den inneren Strom ab und tut etwas, was auf eurer langweiligen Erledigungsliste steht.

Später überlegt ihr dann krampfhaft, was das bloß für eine tolle Idee war, die ihr so achtlos in den Wind geschossen habt? Oder ihr schaut euch eine eilig hingekritzelte Notiz an, könnt aber das Empfangene nicht mehr nachvollziehen!

Traut eurer Spontanität! Sie beschert euch ein reiches, erfülltes Leben! Seid gesegnet, das war Konfuzius.

Frage: Bei der heutigen Meditationsreise zum „Inneren Haus" war ich etwas traurig, weil ich nicht so viel erlebt habe. Andere hatten schöne innere Bilder und bei mir war alles so total normal – eben nichts Besonderes! Woran liegt das? Bin ich nicht reif für solche Dinge?

Konfuzius
Liebe ..., jeder Mensch ist anders veranlagt! Manche Menschen hören sehr klar innerlich und glauben, es sind ihre eigenen Gedanken, andere sehen innerlich Bilder und befürchten, diese seien das Produkt ihres Verstandes, und wieder andere empfangen gefühlsmäßig und halten es für einen Irrtum!

Du solltest die Art und Weise, wie du in deinem Inneren empfängst, ehren! So wie es bei dir innerlich ankommt, ist es richtig!

Zerpflücke deine Bilder nicht und vergleiche sie nicht mit denen von anderen Leuten!

Jeder Mensch hat seine persönliche Art zu empfangen, aber gleite nicht in den Fokus der Bewertung, dass deine eigenen Bilder weniger brilliant sind, und vermeide auch die Schlussfolgerung, dass du unreif seiest! Das bringt dich am allerwenigsten vorwärts! Dabei gehst du in die Selbstabwertung und erschaffst neue Blockaden! Erkenne das!

Jeder Mensch verfügt über die Fähigkeit, sich innerlich Bilder zu machen – jeder verfügt über einen inneren Bildschirm. Wenn das nicht der Fall wäre, wärst du nicht im Stande, deine eigene Haustür von der deiner Nachbarn zu unterscheiden. Du würdest abends herumirren und suchen, wo du eigentlich wohnst. Du hast einen inneren Bildschirm und benutzt ihn auch! Verlasse dich darauf!

Werte deine eigenen Bilder nicht ab! Lass dir Zeit, erkenne das so an, wie du es derzeit wahrnimmst. Und glaube uns, nicht jeder steht in einem Film und erlebt diese Reise in 3 D- Qualität!

Spüre in dich hinein, welche Visionen dir kommen, und nörgle nicht an der Qualität herum, schimpfe auch nicht, wenn ein Name nicht sofort da ist. Lass dir Zeit und finde heraus, auf welchem Kanal du am leichtesten empfängst.

Ebenso wie jeder Mensch innerlich hören kann! Ihr sprecht im Inneren zu euch selbst, und zwar in Gedanken – in eurem Kopf spricht eine Stimme, die ihr nicht über die Ohren wahrnehmt, die außen an eurem Kopf vorhanden sind. Hättet ihr diese Fähigkeit, innerlich zu hören, nicht, würdet ihr nur laut ausgesprochene Worte hören. Diese Sinne sind euch so vertraut, aber ihr könnt euch nicht vorstellen, dass ihr damit auch auf Empfang seid. Es kann vorkommen, dass ihr euch bei dieser „inneren Kommunikation" selbst mit „Du" ansprecht, ohne dass es euch im Geringsten merkwürdig erscheint!

Jeder von euch ist Kanal! Ob nun visuell oder über das innere Hören, über das Gefühl – all das ist legitim und höchstpersönlich ausgeprägt. Jeder hat bestimmte Stärken und andere Fähigkeiten, die nicht so stark ausgeprägt sind.

Konzentriert euch auf eure Stärken, und zwar ohne den Teil, der schwächer vorhanden ist, abzuwerten!

Vertraut darauf, dass Kanal zu sein, etwas vollkommen Natürliches ist! Es handelt sich um etwas, was in eurem Körper angelegt ist, und ihr benutzt es längst alle unbewusst!

Frage: Lieber Meister Konfuzius, jeder Mensch hat doch einen Geistführer. Und ich möchte gern wissen, wie kommt man zu diesem Geistführer? Sucht sich der Geistführer mich aus? Oder suche ich mir den Geistführer aus? Wie funktioniert das?

Konfuzius
Als ihr dieses Duale Universum betreten habt, da geschah das gleichzeitig mit anderen. Ihr bildet dabei diese dualen Körper aus und gründetet mit eurem Hohen Selbst eine feinstoffliche Familie.

Und alle, die damals mit euch gleichzeitig dieses Duale Universum betreten haben, wurden in einer feinstofflichen Ebene gemeinsam angesiedelt. In diesen Lichtwelten besaßet oder besitzt ihr immer noch eine bestimmte Ebene, wo ihr zu Hause seid – sozusagen euer eigenes Holodeck, welches ihr gemeinsam ausstatten konntet nach euren Wünschen. Stellt euch diese Ansiedlung vor wie einen kleinen Ort, in dem sich alle Menschen kennen und ihr die Möglichkeit habt, eure Erfahrungen aus den Inkarnationen miteinander zu teilen. Ihr bewegtet euch gemeinsam durch die Seelenalter, habt oft miteinander inkarniert. Dort ist auch euer Zuhause im jenseitigen Bereich und während des Schlafes schaut ihr ebenfalls dort rein. Die zu diesem Ort gehörigen Seelen bezeichnet man als Monade!

Und alle Seelen, die zu so einer Monade gehören, stehen untereinander in Austausch. Es gibt zwischen euch Absprachen. In der Vergangenheit habt ihr heftigste Erfahrungen miteinander geteilt, und wenn ihr in den reifen Seelenzyklus eintretet, steigt die gemeinsame Anerkennung eures Wertes.

Die Menschen eurer Monade wachsen euch sehr ans Herz und ihr unterstützt euch mit derselben Inbrunst, mit der ihr euch früher bekämpft habt.

Damit ihr nicht glaubt, wir hätten eure eigentliche Frage vergessen, kehren wir jetzt zum Geistführer zurück:

Es ist so, dass ihr stets aus eurer Monade oder der eigenen Seelenfamilie ein feinstoffliches, nichtinkarniertes Mitglied an eurer Seite habt. Euch umgibt ständig ein unsichtbarer Begleiter, und er wird alles registrieren, was ihr gerade entwicklungsmäßig denkt!

Die Schritte, die euch vorschweben, die Bücher, die euch ansprechen, und die Kurse, die euch interessieren, werden oft beeinflusst von dem unsichtbaren Begleiter. Gehört der Begleiter in eure eigene Seelenfamilie, dann ist er genaugenommen ein Teil von euch selbst, denn ihr wart vor Betreten des Dualen Universums eine Wesenheit.

Und den Mitgliedern eurer eigenen Familie ist es leicht möglich, in eure Gedanken einzuwirken, indem sie zu euch sprechen.

Wenn ihr euch zu öffnen beginnt und Interesse für den Energieaustausch mit eurem Hohen Selbst zeigt, für die Energien der Meister und Erzengel, dann könnt ihr davon ausgehen, dass ihr bereits auf der Traumebene entsprechend vorbereitet wurdet durch Schulungskurse, deren Inhalt dann auch allmählich in euer Wachbewusstsein fließt.

Ihr habt also auf jeden Fall einen unsichtbaren Begleiter aus eurer Monade – vorzugsweise aus der eigenen Seelenfamilie – und darüber hinaus geistige Lehrer, die euch auf verschiedenen Gebieten unterrichten.

Beispielsweise könntet ihr auf der Traumebene einen Kurs über Numerologie besuchen, der von Meister El Morya gehalten wird, oder ihr interessiert euch für ein Naturmedizinisches Seminar von Erzengel Raphael. Es gibt auch Präzipitationskurse, die von Meister Konfuzius gehalten werden, und darin geht es um die persönlichen Entwicklungsschritte durch die Meisterjahre, wobei ihr erkennt, wo es bei euch noch klemmt und welcher Schritt euch vorwärts bringen würde.

Ihr habt also wechselnde Geistführer sowie einen ständigen unsichtbaren Begleiter.

Sie sind euch garantiert! Ebenso wie die Betreuung eures Hohen Selbstes.

Wenn ihr euch allerdings geistige Führer aus der Meister- oder Erzengelebene wünscht, solltet ihr das bestellen!

Ihr verfügt über einen freien Willen, und wenn ihr gewillt seid, eure Probleme allein zu lösen, dann ist das euer gutes Recht. Solltet ihr euch Hilfe wünschen, dann werden wir euch freudig in allen Belangen unterstützen, vorausgesetzt, ihr tut das gedanklich kund.

Über das Glücklichsein

Konfuzius
Seid gesegnet, seid in der Liebe, das ist Konfuzius.
Viele Menschen jagen dem Glück nach!

Sie bilden sich ein, wenn sie einen bestimmten Partner gefunden haben, dann werden sie glücklich sein. Oder sie könnten glauben, wenn sie in ihrer beruflichen Karriere eine begehrte Stellung erreicht haben – in einer angestrebten Position sind, dann sind sie glücklich. Andere denken, wenn sie ein bestimmtes Haus, was ihnen vorschwebt, erworben haben, dann zieht das Glück in ihr Leben ein.

Auch gibt es das sogenannte Pseudo-Glück, bei dem ihr euch vorstellt, dass euer Idol – ein Star – einen ersehnten Preis erhält, oder eure Lieblingsmanschaft einen Sieg erringt.

Und möglicherweise erlebt ihr in diesem Moment einen kurzen Hauch von Glücksgefühl.

Aber wisset, immer wenn ihr denkt, dass ihr irgend etwas Bestimmtes erreichen müsstet, um glücklich zu sein, dann wird euch stets das Glück zwei Schritte voraus sein! Und ihr jagt ihm nach, ohne die Chance zu haben, es einzuholen!

Aber ihr könntet auch in euch beschließen: Ich möchte jetzt in diesem Augenblick glücklich sein – zufrieden mit allem, was ist! Und um dieses Glück zu erschaffen, bedarf es nur eures Willens!

Wenn ihr in euch den Willen erschafft: Ich möchte jetzt in diesem Moment glücklich sein! dann ist euer Wille der Teil, der das Tor öffnet!

Ihr könntet dabei folgendermaßen vorgehen:

Nehmt euch am Morgen, wenn ihr den Tag beginnt, einen Moment Zeit und beginnt nicht sofort zu planen, was heute alles zu erledigen ist, was alles auf euch zukommt und welche Sorgen ihr noch von gestern habt. Nehmt euch einen Moment Zeit und konzentriert euch in eurem Inneren auf das Glücklichsein in diesem Augenblick!

Wenn euch das schwerfällt, dann erinnert euch an Momente der Vergangenheit, wo ihr Glück erfahren habt, und beschreibt euch innerlich mit Worten diesen Zustand und dann spürt die Energie.

Wie fühlt sich Glücklichsein für euch an?

Wenn ihr das tut, dann werdet ihr möglicherweise, wenn ihr es zum ersten Mal tut, nur eine Stunde lang glücklich sein. Aber wenn ihr es immer wieder in euch erschafft, dann wird dieser Zustand anhalten über den ganzen Vormittag. Und ihr werdet bemerken, dass es euch in Situationen, wo es darum geht, Entscheidungen zu treffen, bei Diskussionen mit Kollegen etwa, leicht fällt, in eurer Mitte zu bleiben und einen klaren Überblick zu behalten. Ihr seid dann verbunden mit eurer inneren Harmonie und Weisheit, die euch innerlich berät.

Der Zustand des Glückes wird euch immer länger begleiten!

Und irgendwann, wenn ihr genügend trainiert seid, dann wird dieses Glücksgefühl euch ständig begleiten – es wird euch sozusagen zur zweiten Haut! Ein natürlicher Zustand, den ihr immer mit euch herumtragt! Und dann müsst ihr nicht mehr dem Glück nachjagen, weil ihr es eingeholt habt!

Ihr werdet dann diesen Zustand in euch halten unabhängig von äußeren Umständen, ob euer Bankkonto gerade überzogen ist, ob ihr wirklich den idealen Job habt oder auch nicht – der Zustand bleibt! Und ihr werdet Gelegenheit haben, ihn zu testen und euch zu trainieren!

Die Objekte, die euch vorher vorgeschwebt sind, von denen ihr glaubtet, dass ihr sie braucht, um glücklich zu sein, die haben jetzt eine Chance, automatisch zu euch zu kommen. Und möglicherweise kommen sie in einer Art und Weise und Form, die ihr euch vorher in euren kühnsten Träumen nicht auszumalen vermochtet!

Es ist wichtig, dass ihr euch den Zustand des Glückes, der Zufriedenheit und Harmonie in euch erschafft, dann ergeben sich alle anderen Dinge, die ihr gern anstreben würdet, sehr viel leichter und selbsttätig!

Nehmt diese Hilfe an! Es liegt in eurer Entscheidung, ob ihr jetzt den Willen aufbringen könnt – in diesem Moment und mit ein bisschen Training für den Rest eures Lebens glücklich zu sein!

Unser Kanal bittet uns immer, wir sollten doch bitte keine Banalitäten erzählen!
Sie möchte gern gewaltige Durchsagen, Neuigkeiten – Dinge, die euren Verstand begeistern!
Aber ihr solltet wissen, dass das, was wir euch an Neuigkeiten durchgeben, für euch nicht im Mindesten soviel Veränderungspotential besitzt wie die kleinen, unscheinbaren Anwendungen, die wir euch immer wieder auf unterschiedliche Art darlegen in der Hoffnung, dass ihr sie irgendwann benutzt!
Das, was wir euch über das Glücklichsein erzählt haben, könnte euer Leben ganz entscheidend verändern, und das, was wir euch erzählen, weil es eure Sensationslust – euren Verstand – befriedigt, ist schnell verraucht!

Verabschiedung

Konfuzius und Kuthumi
Seid gesegnet, seid in der Liebe, das sind Konfuzius und Kuthumi.

Das zweite Buch ist beendet, und wir möchten uns für diesmal von euch verabschieden!

Beachtet: Die Lektüre ist der eine Teil und das Umsetzen im Leben der andere. Wir sind sehr stolz auf eure Fortschritte! Eure Realitätsebene – die Erde – sowie viele Bewohner haben JA gesagt zu diesem Aufstieg, und ihr nehmt die immer höher werdende Schwingung sehr gut auf!

Wir wünschen euch von Herzen, dass euch die Durchsagen helfen, Stabilität in euer Leben zu bringen! Seid liebevoll zu euch selbst und vertraut darauf, dass ihr geführt werdet!

Zum Abschluss würden wir euch gern eine nette Geschichte erzählen:

Eloah & Elohim

Es war einmal eine lichtvolle Wesenheit, die stammte aus der Quelle allen Seins und befand sich in einer Ebene, wo sie ihre eigene Schöpfermacht erproben konnte. Sie saß gerade auf einem Plateau und erschuf mit Hilfe ihrer Gedanken und einer kreisförmigen Handbewegung einen Ozean mit brausenden Wellen, einen schönen Strand, Gras, Bäume, Dünen und Sträucher.

Und während sie sich ihr Werk so anschaute, spürte sie, dass sie beobachtet wurde. Sie schaute sich um und sah eine andere Wesenheit, die ebenfalls androgyn war. Nur die andere strahlte noch viel mehr und farbenprächtiger als sie selbst. Das strahlende Wesen kam näher und lächelte sie freundlich an. Sie fragte es:

„Wer bist du denn? So jemanden wie dich habe ich noch nie gesehen!"

Die andere Wesenheit, welche so stark strahlte, antwortete:

„Mich nennt man Elohim!"

Auch die erste Person, die gerade den Strand erschaffen hatte, stellte sich vor:

„Mich nennt man Eloah!"

Während sie zusammenstanden, schauten sie auf den Ozean, auf den Strand, die Wiese, die Wälder und die Sträucher. Elohim und Eloah erfreuten sich an der gelungenen Materialisation.

Eloah fragte Elohim: „Wie kommt es, dass du so stark strahlst? In so vielen Farben?"

Und Elohim antwortete: „Ich komme gerade zurück aus dem Dualen Universum!"

„Duales Universum? Ja, ja!" erinnerte sich Eloah, „davon habe ich schon mal erzählen hören! Aber ehrlich, es waren so viele unverständliche Begriffe darunter, dass ich es nicht verstanden habe! Diese Wesenheiten sprachen in Rätseln! Und dort bist du gewesen?"

Elohim antwortete: „Ja, über eine sehr, sehr lange Zeit! Über sehr viele Inkarnationen!"

Eloah winkte ab: „Du benutzt auch gleich wieder so viele Fremdwörter! Ich verstehe nicht: Was bedeutet Zeit? Was bedeutet Inkarnationen?"

Und Elohim sann darüber nach, wie er Eloah die Begriffe Zeit und Inkarnationen erklären sollte. Das war gar nicht so einfach!

Eloah wurde neugierig: „Wo ist dieses Duale Universum, von dem alle sprechen?"

Und Elohim zeigte der anderen Wesenheit den Weg. Unterwegs unterhielten sie sich und Elohim versuchte zu erklären, welche Besonderheiten dort in diesem Universum herrschten. Er erklärte:

„Du wirst dort alles vergessen! Alles, was du weißt! Deine gesamte Schöpfermacht!"

Eloah zupfte ihn aufgeregt am Ärmel:

„Was bedeutet vergessen? Dieses Wort verstehe ich nicht! Was bedeutet vergessen?"

Elohim sagte: „Es ist so, alles, was du jetzt in deinem Inneren parat hast, wird dir dort fehlen! Es ist nicht mehr da! Es kommt ganz einfach abhanden! Du hast dann keinen Zugriff auf das Erschaffen von Materialisationen wie diesen Strand. Die Realitätsebenen dort sind alle schon erschaffen. Sie sind da in Form von Planeten und außerdem dreht sich dort alles im Kreis ... die Zeiten, die Planeten und es gibt Jahreszeiten."

Und Eloah fragte: „Was bei allen Sternen sind nun wieder Jahreszeiten?"

Elohim erschuf mit Hilfe seiner Schöpfermacht vier Bilder. Das erste zeigte eine Wiese im Frühjahr mit einem Baum darauf, welcher gerade blühte. Das nächste zeigte die gleiche Wiese mit dem Baum im Sommer, wenn er Früchte trug. Das dritte zeigte die Wiese im Herbst, wenn die Blätter welk waren und zum Teil am Boden lagen. Das letzte Bild zeigte die Wiese im Winter mit einem kahlen schneebedeckten Baum.

Elohim erklärte: „Das sind Jahreszeiten! Es ist ein Programm, was vollautomatisch abläuft und sich im Kreis dreht! Wenn du dort bist, wirst du es erleben! Außerdem ist es mit unterschiedlichen Temperaturen gekoppelt."

Und Eloah fragte: „Und was sind Temperaturen?"

Die strahlende Wesenheit musste feststellen, dass es gar nicht so einfach war, auch nur die einfachsten Erfahrungen im Dualen Universum an Eloah weiterzugeben.

Sie hatten in der Zwischenzeit das Tor zum Dualen Universum erreicht. Dort gab es Informationsfenster, und die wollte er Eloah zeigen.

Es warteten bereits andere androgyne Wesen hier, die sehr interessiert auf die Informationsanzeigen schauten. In einem dieser Fenster wurden die Menschen dargestellt – zweigeschlechtliche Menschen, Männer und Frauen, dabei wurde auf die Unterschiede hingewiesen. Auf einem anderen Fenster lief ein Film ab über den Alterungsprozess vom Neugeborenen über die Kindheit, Jugendzeit, zum erwachsenen Menschen, älteren Menschen bis zum Greis. Es gab Informationen über unterschiedliche Planeten, die dort herrschenden

Besonderheiten und eine chronologische Abfolge im geschichtlichen Geschehen. Ein weiterer Bildschirm erklärte die Fortpflanzung zwischen Frauen und Männern in diesem Universum und zeigte, wie die Seele in den weiblichen Körper gelangte.

Die androgynen Wesen staunten sehr über die dargestellten Informationen.

Eloah fragte ein anderes Wesen: „Hältst du das für real und wirklich erlebbar?"

„Wenn man sich die Informationen nacheinander anschaut, bieten sie eine gewisse mentale Wahrscheinlichkeit, eine Art Entwicklungskette mit berechenbaren Unbekannten. Das Einzige, was sehr unwahrscheinlich ist, ist dieses merkwürdige Vergessen, von dem sie alle reden! Die Basis dieses Spieles ist die Illusion, also ist auch das Vergessen eine Illusion. Warum sollte es also funktionieren?"

Ein anderes Lichtwesen mischte sich ein: „Die größte Illusion ist der Akt, mit dem sie ihren Alterungsprozess beenden – sie nennen es sterben. Habt ihr das schon gesehen? Da soll es welche geben, die davon überzeugt sind, dass sie sich vollkommen auflösen und für immer auslöschen."

Es wurde gelacht.

In gewissen Abständen öffneten sich die Tore zum Dualen Universum und ein neuer Schub androgyner Wesenheiten wurde eingelassen. Es gab auch ein Fenster, das sie darüber informierte, dass sie sich bei Betreten des Dualen Universums teilten. Diese Teilung war den androgynen Wesen nichts Neues, schließlich verschafften sie sich auf diese Weise Gesellschaft. Das Neue waren die männlichen und weiblichen Körper und die Möglichkeit, sich gleichzeitig in mehrere Personen zu teilen.

Nun wurden gerade wieder die Tore geöffnet und einige gingen hinein. Die Hintenstehenden beobachteten, wie die, die hineingingen, sich aufteilten: Ein Anteil blieb offensichtlich androgyn und dann gab es mehrere, die mit Geschlechtern behaftet waren.

Ein Außenstehender rief: „Schaut euch das an, es funktioniert offensichtlich!"

Einer, der bereits durch das Tor geschritten war und sich geteilt hatte, dessen männlicher Anteil schaute sich nach den noch Zögernden um und rief: „Mein Erinnerungsvermögen ist noch genauso wie vor der Teilung! Das, was sie vergessen nennen, stimmt nicht!"

Eloah überlegte, ob das, was sie mit ihren eigenen Augen sah und an Informationen vernahm, wirklich möglich sein konnte?

Was für sie schwer vorstellbar war, war die Erfahrung mit den geschlechtlichen Körper und die Information, dass es viele Gelegenheiten des Geborenwerdens, Aufwachsens und Sterbens geben sollte. Und dieses neue Fremdwort, was sie vergessen nannten, darunter konnte sie sich überhaupt nichts vorstellen!

Diese Dinge beschäftigten Eloah ungeheuerlich.

Auch gab es vor den Toren heiße Diskussionen, ob es nun ratsam sei, da hineinzugehen oder doch lieber nicht.

Schließlich kam der Moment, wo Eloah bereit war, dieses fremdartige Universum zu betreten. Sie trat gleichzeitig mit anderen über die Schwelle und einer rief übermütig: „Wir werden diese Illusion überlisten!"

Elohim schickte Eloah einen liebevollen Blick nach und flüsterte: „Mache deine Sache gut, mein Freund! Wir sehen uns in der Quelle!"

Nachdem ca. 100 Wesenheiten das Tor durchschritten hatten, schloss es sich wieder.

Beim Hineintreten spürte Eloah eine Energiewelle durch ihren androgynen Körper beben und danach waren sie zu fünft. Ein Teil war immer noch androgyn und es gab zwei weibliche und zwei männliche Wesen. Sie hatten ein sehr starkes Gruppengefühl, und die vier Personen mit den Geschlechtern begutachteten voller Interesse ihre neuartigen Körper. Zwischen den Beinen trugen sie ein Geschlecht, was noch dazu unterschiedlich aussah. Die männlichen Körper waren drahtig und muskulös, die weiblichen hatten ein breiteres Becken und Brüste. Sie waren sehr erstaunt über die Neuerungen an ihren Körpern und untersuchten sie genau. Auch lachten sie über das Aussehen des anderen Geschlechtes und bedauerten den Anteil, der androgyn geblieben war, sehr!

Die Geschwister fragten sich: „Wie fühlt sich das an, was du da zwischen den Beinen hast?"

Und die jungen Männer wollten wissen: „Diese Hügel, die du da vorn hast, wie fassen sie sich an?"

Sie waren sehr entzückt über ihre Körper.

Die Gruppe der Neuankömmlinge wurde von einem hohen Lichtwesen begrüßt. Es sagte:

„Mein Name ist Ra Ching, ich bin der Hüter dieses Universums und heiße euch herzlich willkommen!

Ich werde euch jetzt zu eurer Realitätsebene geleiten. Folgt mir!"

Die Gruppe flog ein Stück durch die Luft und landete auf einem Lichtplateau. Dieses Lichtplateau war eine weite, leere Fläche.

Ra Ching sagte: „Das hier ist euer neues Zuhause! Richtet euch nach Herzenslust ein! Ihr werdet regelmäßig betreut und erhaltet alle Informationen, die ihr benötigt!"

Die Neuankömmlinge begannen sogleich, mit ihrer Schöpfermacht die leere Fläche zu füllen. Mit vereinter Gedankenkraft statteten sie zuerst den Boden aus, sie erschufen einen türkisfarbenen See, eine große wiesenartige Fläche mit einer Grassorte, die ein filigranes Muster hatte, einen Berg, einen Mischwald, eine Gartenanlage mit wunderschönen Rabatten, einen Springbrunnen mittendrin, zahlreiche Bänke, eine dreiseitige Pyramide mit Lichtwänden. Der See bekam eine spiralförmige Rutschbahn, die freischwebend in der Luft stand und deren unteres Ende einen Meter über der Wasserfläche aufhörte. Zum Schluss krönten sie das Ganze mit einem Regenbogen, der ihr Lichtplateau überspannte und an dem sie schaukeln konnten.

Das frischausgestattete Lichtplateau mit den Neuankömmlingen zog die ersten neugierigen Besucher aus diesem Universum an. Von anderen Lichtebenen kamen bekleidete weibliche und männliche junge Menschen. Sie landeten auf der Ebene mit dem Regenbogen und schauten sich die Materialisationen an.

Eine aufgeweckte junge Frau sagte vorlaut:

„Typisch Neue! Vor Entzücken über ihren Körper rennen sie nackig herum und Unterkünfte haben sie auch vergessen zu errichten!"

Die Bewohner des Regenbogenplateaus hatten sich gut in den Lichtwelten eingelebt. Morgen war ein wichtiger Tag! Die ersten sollten geboren werden und damit ausgeschüttet ins Vergessen.

Aus diesem Grund hatten sie sich heute alle versammelt. Sie standen an den Händen gefasst in einem Kreis um den See. Alle waren sie gekommen: die Androgynen, die schon bald ihre Funktion als Hohes Selbst erfüllen sollten, und viele junge Frauen und Männer – jetzt in festlicher Kleidung.

Sie waren dabei, einen heiligen Schwur abzulegen:

„Lasst uns schwören: Wir werden uns allezeit an unsere Göttlichkeit und den wahren Ursprung unserer Macht erinnern! Wir werden uns niemals lieblosen Regungen oder gewaltsamen Handlungen hingeben! Wir werden uns stets achten, niemals gegenseitig verletzen, und wir werden diesem Vergessen widerstehen!"

Oben auf dem Regenbogen saßen Meister Kuthumi und Meister Konfuzius. Kuthumi sagte gerührt:

„Schau sie dir an, sie kommen alle mit den ehrenhaftesten und besten Absichten! Genau wie wir damals." Konfuzius erwiderte: „Und erfahrungsgemäß werden sie gegen jeden einzelnen Schwur verstoßen! Wie lange wird es wohl dauern, bis sie erwachen und sich zurückerinnern, auf ihre Göttlichkeit ausrichten und diesen Inkarnationszyklus wieder beenden? Wie lange wird es dauern, bis sie hier an unserer Stelle auf dem Regenbogen sitzen?"

Seminar – Info

Auch ich möchte mich bei den Lesern des Buches und allen Menschen bedanken und zum Schluss die Gelegenheit nutzen, noch einmal auf die Seminare von Meister Konfuzius hinzuweisen! Sie heißen:

Öffne Dich Deiner inneren Weisheit und realisiere Deine Träume

Spirituelle Seminare nach Meister Konfuzius sind etwas für Menschen, die bereit sind „für den Platz auf dem Regenbogen", die danach streben, für ihre Gefühle, Gedanken und Handlungen die Verantwortung zu übernehmen, die ihr göttliches Potential zum Ausdruck bringen möchten, ihre Medialität trainieren und ihre eigenen Botschaften empfangen lernen möchten.

Wer sich dafür interessiert, kann Informationen erhalten über die Anschrift:

Ute Kretzschmar
Im Enzengarten 3
79379 Müllheim

Bisher sind von der Autorin erschienen:

2012 – Der Aufstieg der Erde in die fünfte Dimension
ISBN 3-89568-109-1

sowie die CD

Reise zum Seelenpartner – CD
ISBN 3-89568-122-9

In Vorbereitung

Christuspräsenz und Allmacht – CD
ISBN 3-89568-131-8

ab August 2004

Empfohlene Literatur zum Thema aus dem ch. falk-verlag

Lichtbotschaften des Aufgestiegenen Meisters Hilarion
   von Scheit/Hilarion ISBN 3-89568-116-4
Das Licht Gottes versagt nie von M. George
   ISBN 3-89568-128-8
Der Mahatma-Prozeß von P. Arnold-Dinkel.
   ISBN 3-89568-104-0
Gott kommt nie zu spät von White Bull und G. Graham.
   ISBN 3-89568-069-9
Du hast die Wahl von Vywamus/Janet McClure.
   ISBN 3-924161-15-1
An die Sterngeborenen von Solara
   ISBN 3-924161-55-0
Lachende Weisheit von Bartholomew. Bd. 1.- 4.
   ISBN 3-924161-29-1
Sternenbotschaft 1 und 2 von Carey.
   ISBN 3-924161-08-9 und -51-8
Aufbruch in das neue Jahrtausend von B. Bock.
   ISBN 3-89568-073-7
Der Neue Himmel und die Neue Erde von S. P. Fuller.
   ISBN 3-89568-077-x
Green Hills von Prinzessin Diana und D. von Oppeln
   ISBN 3-89568-070-2
Nathanael, Engel der Liebe, bereitet den Weg in die neue Zeit
   von Lang. ISBN 3-89568-047-8
Das letzte Einhorn oder die Erde erwacht von Barry.
   ISBN 3-89568-108-3
Die Geschichte der Hohenpriesterin von Ti Tonisa Lama.
   ISBN 3-89568-110-5
Christus, Neue Lehren für eine erwachende Menschheit
   von Essene. ISBN 3-89568-049-4